一本真正改变实体店、虚拟店命运的著作

连锁新零售暨

社交店商思维模式

李松
刘凯
焦峰
著

中国财富出版社有限公司

图书在版编目（CIP）数据

连锁新零售暨社交店商思维模式/李松，刘凯，焦峰著. —北京：中国财富出版社有限公司，2021.11

ISBN 978-7-5047-7572-6

Ⅰ.①连… Ⅱ.①李… ②刘… ③焦… Ⅲ.①零售商店-商业经营 Ⅳ.①F713.32

中国版本图书馆 CIP 数据核字（2021）第 220365 号

策划编辑	谷秀莉	责任编辑	邢有涛 郭怡君	版权编辑	李 洋
责任印制	尚立业	责任校对	孙丽丽	责任发行	杨 江

出版发行	中国财富出版社有限公司		
社　　址	北京市丰台区南四环西路 188 号 5 区 20 楼	邮政编码	100070
电　　话	010-52227588 转 2098（发行部）	010-52227588 转 321（总编室）	
	010-52227566（24 小时读者服务）	010-52227588 转 305（质检部）	
网　　址	http://www.cfpress.com.cn	排　版	北京金亿佰文化传媒有限公司
经　　销	新华书店	印　刷	唐山市铭诚印刷有限公司
书　　号	ISBN 978-7-5047-7572-6/F・3389		
开　　本	710mm×1000mm　1/16	版　次	2022 年 9 月第 1 版
印　　张	11	印　次	2022 年 9 月第 1 次印刷
字　　数	169 千字	定　价	58.00 元

版权所有・侵权必究・印装差错・负责调换

序

后疫情时代，很多行业面临着巨大的挑战，在这一挑战中，有的企业没能扛过疫情的冲击，但是在疫情防控期间也有很多崛起的企业，它们的崛起虽然"形形色色"，但是细细总结你会发现，它们有很多共同之处，比如，它们都能够在没有客户进店的情况下完成商品的交付。

基于上述的市场大环境和加盟连锁的社交店商思维模式，笔者将给连锁从业者、创业者、加盟商等人群传递最新的思考。

进入一个陌生的行业，如何借助互联网的力量进行市场调研，如何借助调研的结果建立自己的基础商业模式，如何在基础商业模式上制订行之有效的运营计划，如何借助自己动态的运营计划来不断地调整自己的商业模式……这个过程是一个需要不断给自己"打鸡血"的过程，是一个全方位检验商业逻辑、实践能力的过程，是一个反复破而后立的过程。以上所述内容仅为本书内容的一小部分，接下来笔者将用相对浅显易懂的商业逻辑，给创业小白大篇幅地呈现"说明书式"的知识内容。

从这个角度来撰写本书，旨在让店主了解怎样才能服务好自己的加盟商，让加盟商正确地看待加盟式创业，让创业小白尽可能地少走创业弯路，让其他领域的连锁人能够从不一样的角度了解笔者最新的连锁经营心得、体会。

从事加盟连锁经营的群体都清楚地知道，每一家连锁门店的经营状态都直接反映着品牌方的实际经营状态。社交店商模式正是依托于实体店开展的商业模式，对于此模式的简单理解，可以是基于实体门店，借力移动互联网的属性特点，深度经营门店最大商圈范围内的精准客户，从而实现门店及品牌方整体生态式发展的商业模式。

前　言

随着时代的发展，无论是纯电商的经营者，还是纯店商的经营者，都在抱怨现在的生意不好做，生意大不如前。

纯电商的经营者，在实际的经营过程中发现，自己的获客成本越来越高，而成交率却日趋下滑。纯店商的经营者，在实际的经营过程中也发现，即使自己选择了所谓的"旺铺"，实际到店率也低得可怜。

为此，电商与店商，逐渐由激烈的竞争关系转变为相互兼容、相互借力的关系。但是，在这种态势的发展之下，又衍生出一种新的弊病，那就是带着"电商的思维"去运营线下的实体店面，或者是带着"店商的思维"去运营线上平台，从而让企业的发展逐渐迷失在线上与线下的中间地带。

如何走出这种尴尬的状态，千万个高智商的人给出了不一样的答案。在此，笔者不多加评论。本书着重分享一个从加盟连锁的角度、在实践中总结出来的商业运营模式，即社交店商模式。

目　录

第一篇　模式认知篇 ··· 1

第一章　社交店商模式解读 ··· 2
　　第一节　社交店商模式商业环境 ·· 2
　　第二节　社交店商模式亮点 ··· 3
　　第三节　社交店商模式价值 ··· 5

第二章　各种运营模式大 PK ··· 7

第二篇　单店篇 ·· 9

第三章　店面类型：重新认知单店，重新定义时代 ················· 10
　　第一节　按照物质结构分类店面 ······································ 11
　　第二节　按照加盟连锁模式分类店面 ································ 12
　　第三节　按照功能分类店面 ··· 13
　　第四节　按照地址分类店面 ··· 14
　　第五节　按照公司战略规划分类店面 ································ 15
　　第六节　按照经营特点分类店面 ······································ 17

第四章　客户认知：找准客户才能找准市场 ························· 18
　　第一节　四种客户类型属性特点 ······································ 18
　　第二节　六大客户来源渠道特点 ······································ 19

第五章 经营思维 …… 21

第一节 70条金典重塑新时代店面 …… 21

第二节 单店运营：让运营主线直达财富中心 …… 44

第三节 营销活动：社交型活动助推单店盈利腾飞 …… 60

第三篇 总部篇 …… 73

第六章 模式转型：最前沿商业模式接轨思维 …… 74

第一节 传统店商类企业转型社交店商模式思路 …… 74

第二节 微商类企业转型社交店商模式思路 …… 77

第三节 电商类企业转型社交店商模式思路 …… 80

第七章 战略设计：没有实用的战略，就会错失时代 …… 84

第一节 社交店商企业战略设计思维 …… 84

第二节 社交店商企业战略设计模板 …… 86

第八章 模型熟悉：让商业模式有迹可循，由机爆发 …… 89

第一节 社交店商商业主体建设模型解读 …… 89

第二节 社交店商生态运营模型解读 …… 92

第三节 社交店商型单店营利模型解读 …… 93

第四节 线上线下功能一体化模型解读 …… 103

第五节 移动社交店商平台设计模型解读 …… 104

第九章 模式应用：让商业一切从心开始、从新迭代 …… 110

第一节 社交店商思维模式18式 …… 110

第二节 用新时代的工具解决新时代出现的问题 …… 121

第三节 企业IP：让吉祥物成为企业的交际花 …… 163

第一篇

模式认知篇

第一章 社交店商模式解读

社交店商模式是基于实体门店运营模式，借力新时代移动互联网的属性特点，利用社交力这一纽带，深度开发实体店最大经营商圈范围内的潜在客户，让客户进店、转化、裂变、复购，从而实现门店及品牌方整体生态式发展的商业模式。

第一节 社交店商模式商业环境

社交店商模式对于现有的商业环境而言，是一个新鲜的名词，但并不是一种新鲜的商业模式。因为现在很多的企业、单店都在做社交店商模式的践行者，只不过笔者将它们的实践行为提炼成了系统的商业模式。

孕育这种商业模式的商业环境因素，如下表所示：

孕育社交店商模式的商业环境因素

序号	因素要点
1	缺乏体验感、信任值的电商平台让消费者屡屡受损
2	高价的流量、超低的转化率让电商企业不堪重负
3	实体单店受到互联网冲击，迫切需要寻求新的出路
4	消费者开始回归实体店并期望得到购物之外的其他服务享受
5	微商的分润层级让产品价格虚高，让消费者蒙受损失
6	信任值难提升让微商类企业在渠道拓展、终端售卖方面屡屡受阻
7	大数据、VR（Virtual Reality，虚拟现实）、AI（Artificial Intelligence，人工智能）、分销系统、移动商城等新技术不断普及应用
8	消费者的消费价值取向不再单纯地是产品功能属性
9	自媒体的影响力已然超过传统媒体
10	各类型物流、快递、跑腿、外卖公司迅速发展
11	消费者的消费分享成为最强的流量端口
12	区域内的共性消费者成为高转化率流量池

续表

序号	因素要点
13	移动互联网的普及度以及使用时间占比不断攀升
14	具备物理距离属性的各类 App 层出不穷

第二节　社交店商模式亮点

社交店商模式的十一大亮点，如下表所示：

社交店商模式的十一大亮点

序号	模式亮点	详细解读
1	先赚钱，后开店	对于一些容易被识别、容易被配送、不需要额外加工即可销售的商品，可以由总部先行配送给自己的目标加盟商，同时给予对方一套相适应的社交销售模式，如此加盟商就可以在开店前实现商品销售营利了
2	一处开店，全国卖货	社交营销时代，实体门店完全可以借助移动互联网的方式打通全国性产品展示场景，然后借助人们对实体店与生俱来的信任感进行本地客户的聚集，实现本地客户的全国性裂变，以此来实现"一处开店，全国卖货"的目标
3	次级商圈，亦开旺店	每个城市最好的地段都会有客流量超高的商铺，但是火爆的商铺背后是高额的转让费用和房屋租赁费用，更重要的是，这些商铺很难租赁到。对于绝大多数的门店经营者而言，这些商铺必然与自己无缘。但是，采用社交店商模式之后，通过对自然进店的客户进行方式巧妙的维系、裂变等操作，可以实现在次级商圈营造火爆销售场景的目标
4	客户关系更加紧密	实体店主要依托自然客流来实现商品或服务的交易，此种做法不能够充分地挖掘客户背后的潜在客户，但客户与商家之间容易建立较强的信任关系。依托社交软件的微商，利用社会交际的信任关系进行商品或服务的交易，这种方式获得的客户数量相对较少，但是可以充分挖掘客户背后的潜在客户，缺点是这种被挖掘出来的客户需要经过长时间的培养，才能够与商家建立真正的信任关系，并完成最后的交易行为。一旦建立了信任关系，用社交软件维护客户可以让客户与商家保持长久的联系。社交店商模式则可以对这两者的优点进行有机组合，从而产生更佳的运营效果

续表

序号	模式亮点	详细解读
5	小店面，大卖场	实体店的面积再大，也不可能装下太多的商品，但是移动互联网商城可以承载无数的商品。社交店商模式下，线下门店可以将客户导流至线上商城。这样做，一方面可以更便捷地维系客户关系，另一方面可以实现客户更深层次、更大范围的消费
6	加盟送客户，开店有渠道	对于一个采用社交店商模式的品牌方而言，通过运营自己的移动互联网商城，可以实现客户的沉淀，而对于这些已经沉淀的客户，品牌方可以通过线下开设的实体店面更好地进行品牌维系。借助这些被维系的客户，可以挖掘出更庞大的潜在客户群体。这样一来，加盟商在加盟品牌之后，就可以获得一部分本商业区域内的精准客户了，这样可以有效缩短加盟商独自养店的时间周期
7	轻库存，快流通	对于已经采用了社交店商模式的终端门店而言，店家完全可以借助自己与客户之间建立联系的社交软件进行各类型产品的预售，并合理地安排客户进店提货的时间段。如此一来，门店无须承受库存压力，就可以迅速将货物销售出去，从而实现"轻库存，快流通"的良性经营状态
8	一人开店，众人帮扶	采用了社交店商模式的门店，可以实现消费终端的无限延伸，如一家实体门店在实际经营过程中可以发展无数个社区小代理，和他们一起深耕这个市场。如此一来，"一人开店，众人帮扶"的状态就会实现，单店的业绩自然会高得出奇
9	上下开店，双向导流	采用了社交店商模式的门店，一般都会有一个独立经营的移动互联网商城。门店经营者可以将线下获取的客户转移到线上，然后借助线上商城独具特色的分销裂变模式进行客户的不断裂变，从而将这些裂变出来的新客户导流至门店，最终实现线上、线下同时开店，彼此开拓客户的生态化循环裂变
10	火爆时间，门店操控	采用了社交店商模式的门店，门店经营者可以通过与客户建立联系的社交软件将门店新推出的活动一次性地传播出去，从而让门店在经营者指定的时间周期内火爆异常
11	一时经营，一世轻松	当门店经营者拥有一定数量的社交好友（客户）时，门店经营者只要维护好这些已经与自己建立了社交关系的客户，就可以实现门店业绩的良性增长和客户的良性裂变了

第三节　社交店商模式价值

一、对于消费者而言的价值点

对于消费者而言，价值点描述如下表所示：

社交店商模式对于消费者而言的价值点

序号	价值点描述
1	能够享受商品或服务的价格优惠
2	能够获得优质商品的品质保障
3	能够实现商品或服务的先体验后消费
4	能够及时地满足需求
5	能够享受及时的售后服务
6	能够享受快速上门服务
7	能够取得商品价值以外的收获
8	其他价值

二、对于终端门店而言的价值点

对于终端门店而言，价值点描述如下表所示：

社交店商模式对于终端门店而言的价值点

序号	价值点描述
1	能够以低廉的成本获得较好的广告传播效果
2	更容易有针对性地挖掘社交圈子客户
3	更容易持续性维系客户
4	更容易完成客户转介绍行为
5	更容易获得真实的市场需求反馈
6	更容易建立私域流量
7	更容易获取粉丝经济产生的经济效益
8	更容易提升客户关注度
9	更容易提升品牌忠诚度
10	更有助于提升店面形象
11	极大地降低线上平台的净利润损失
12	店面就近换址，客户不会流失

续表

序号	价值点描述
13	深度开发客户的延伸价值
14	可以高质量地进行客户维系
15	快速完成活动类信息的传递
16	其他价值

三、对于连锁总部而言的价值点

对于连锁总部而言，价值点描述如下表所示：

社交店商模式对于连锁总部而言的价值点

序号	价值点描述
1	门店的生存能力更强
2	能够直接掌控终端消费者信息
3	能够把握一线市场动态
4	能够以最低成本进行项目招商
5	有机会进行门店客户流的管理
6	有机会进行门店现金流的管理
7	其他价值

第二章　各种运营模式大PK

各种运营模式PK结果如下表所示：

各种运营模式大PK

序号	类比项目	连锁店商	电商	微商	社交店商
1	经济类型	片区经济	寡头经济	分销经济	生态经济
2	店铺情况	实体店铺，面积有限	虚拟店铺，无限延伸	无店铺	虚、实店铺
3	营收项目	项目有限	项目无限	过于单一	小店面，大卖场
4	客户黏性	相对较强	相对较弱	需要强化	相对较强，持续时间长
5	信任度	容易建立	相对薄弱	人人微商，信任度降低	容易建立
6	渠道稳定程度	关系稳定，不易分家	一家服务，不易分家	另立山头，比比皆是	关系稳定，不易分家
7	客户分布	商圈半径，深耕服务	客户分布零零散散	客户分布零零散散	一处开店，全国卖货
8	渠道层级	最多三级	直面终端	层级太多，价格虚高	最多三级
9	渠道管控	机制合理，管控稳定	渠道单一，受制于外	代理松散，无法掌控	机制合理，管控稳定
10	合法性	有法可依，遵纪守法	有法可依，遵纪守法	难以追究责任，质量无法保障	有法可依，遵纪守法
11	获客成本	逐步上升	越来越高	越来越高	客户裂变，相对较低
12	售后情况	"有根"追踪	"有根"追踪	"无根"追踪	"有根"追踪
13	产品体验	实物体验，真实感受	无处体验	无处体验	实物体验，真实感受
14	关系特点	先成交，再连接	先成交，无连接	先连接，再成交	连接与成交同步进行

第二篇

单店篇

第三章　店面类型：重新认知单店，重新定义时代

对于加盟连锁企业的"盟主"而言，招募加盟商的过程其实就是一个销售过程，一个销售完整的店的过程，销售一种赚钱的模式的过程。

对于这样一个过程，我们需要着重强调一个关键问题，即谁才是整个过程的核心要素？无疑，这个核心要素一定是店。因此，我们需要正确地看待和认知店面。

按照经营类型、规模类型、股权类型、产品类型、功能类型等分类标准，可以将店面分成几十种。要想把这些店经营好，我们最需要做的就是正确地看待不同类型的店究竟在整个加盟连锁体系之中可以充当什么样的角色，这些角色在实际的招商过程中到底该如何实现最终的价值。

比如说我们在景区内开设了一家店面，生意异常火爆，但是经过日、月、季、年核算，发现这家店面处于亏损状态，而且反复地测算之后，得出这家店面将会长时间处于不可能营利的状态的结论，对于这种类型的店，我们就需要重新给它定位。我们可以将其定位成一家招商样板体验展示店，这家店最大的作用就是让更多的人知道有这么一个品牌在做这样的一个产品，而这个品牌经营下的店面生意居然如此火爆，然后再将如何加盟这个品牌的信息告知来店体验的人群，如此一来，一家本身不营利的店面就可以带来超过以往几倍甚至几十倍的收入了。

再比如在实际招商布局过程中，很多小型店面不具备独立完成服务、产品加工的能力，这让很多小额投资人被挡在了加盟门外。这时我们需要依据店面的功能将加盟类型分成两类，一类是大店的加盟类型，一类是小店的加盟类型。加盟后，小店可以销售大店的产品，大店承担

最短物流距离内的配送，这样单店都可以获得更多收益。企业的招商部门需要控制好大小店面加盟的节奏。

如上种种利处不胜枚举，因此，作为连锁企业的相关管理人员，一定要清楚单店的类型究竟有多少种，然后依据不同的单店类型调整招商的全国布局。

有关单店的类型，本书主要介绍按照物质结构分类的店面、按照加盟连锁模式分类的店面、按照功能分类的店面、按照地址分类的店面、按照公司战略规划分类的店面、按照经营特点分类的店面。

第一节　按照物质结构分类店面

单店按照物质结构分类可以分为实体店与虚拟店，如下表所示：

单店按物质结构分类

实体店				虚拟店		
独立店	店中店			自建店		平台店
^	独立型店中店	专柜型店中店	格子型店中店	PC（Personal Computer，个人电脑）端店	移动终端店	PC端店	移动终端店

上表所述的店面类型各具特色，如下表所示：

按物质结构分类店面详解

序号	单店类型	单店特色
1	实体店	商家利用混凝土等建筑材料修建的看得见、摸得到的店面
2	虚拟店	商家利用网络技术在网络中以文字、图片、视频、动画、音频等形式展现的店面
3	独立店	独立于百货商场或大型商业综合体的店面，如临街店、社区店、写字楼店等。独立店都是某一种品牌的实体店，它拥有独特的店面装修风格和灵活的管理、营销方式，除了总部之外不受其他企业的管辖和约束

续表

序号	单店类型	单店特色
4	店中店	商店里面的商店，多开在百货商店或大型商业综合体内。店中店都是某一种品牌的实体店，它的形式和管理比商店内其他店更为专业和专一，但不像独立店那样不受约束。店中店的店堂布置有自己独特的风格，能凸显品牌文化特色，不过它们很少被允许自己设计背景音乐和售货员制服，商店的优惠活动它们有时也不得不参加。大型商店巨大的客流量往往是吸引生产商开设店中店的主要原因。潜在的商机带给它们几倍于受约束的补偿
5	PC端店	利用网络开设的虚拟店面，主要面向的消费者来自个人电脑端
6	移动终端店	利用网络开设的虚拟店面，主要面向的消费者来自移动终端（手机等移动设备）
7	独立型店中店	在商店内开设的店面，拥有自己独立的店面形象，店面面积基本在15m^{2}以上
8	专柜型店中店	在商店内开设的店面，无独立的店面形象，店面面积基本在15m^{2}以下
9	格子型店中店	在商店内开设的店面，无独立的店面形象，主要用于产品展示，店面面积基本在2m^{2}以下

第二节 按照加盟连锁模式分类店面

按加盟连锁模式分类，店面可以分为直营店与加盟店，如下表所示：

单店按加盟连锁模式分类

直营店	加盟店	
总部直营店	特许加盟店	合作加盟店
区域加盟商直营店		

上表所述的店面类型各具特色，如下表所示：

按加盟连锁模式分类店面详解

序号	单店类型	单店特色
1	直营店	"盟主"或"次盟主"（区域加盟商）用自己的资本投资、建立并运营、管理的单店，前者称为总部直营店，后者称为区域加盟商直营店

续表

序号	单店类型	单店特色
2	加盟店	加盟连锁体系的加盟商进行实体投资开设的单店。它又分为最基本的两类：特许加盟店和合作加盟店
3	特许加盟店	此类型加盟店的实体投资（场地、设备、装修等）完全由加盟商提供，加盟店也由加盟商进行日常经营并承担风险，"盟主"向加盟商收取加盟连锁费，包括加盟金、权益金和市场推广费与广告基金等。通常意义上所指的加盟店就是这种类型。此种类型比较适合创业型加盟商
4	合作加盟店	此类型加盟店的实体投资由加盟商与"盟主"共同提供，比如，"盟主"以设备资本作为投资，加盟商以场地、装修等资本作为投资，"盟主"负责加盟店经营并承担经营风险，加盟商提取一定比例的收益。此种方式对于加盟商来说，既可以降低投资门槛，又可以最大限度地降低经营风险，加盟商还可以抽身做其他经营项目。此种类型比较适合投资型加盟商

第三节 按照功能分类店面

按功能分类，店面可以分为样板店、旗舰店、中心店与标准店，如下表所示：

按功能分类店面详解

序号	单店类型	单店特色
1	样板店	某区域内加盟连锁单店的样板、示范单店，通常为"盟主"或"次盟主"的直营店，其可用作潜在加盟商或现有加盟商参观、学习、接受培训和实习的场所

续表

序号	单店类型	单店特色
2	旗舰店（又称形象店）	它一般是针对单店的外在形象和内在品质而言的。旗舰（flagship）是个外来词，本意是载有海军将官或舰队、分舰队司令官并悬挂将旗的军舰，所以，据此引申而来的旗舰店通常指的就是在某区域中或在某加盟连锁网络体系中，内外综合实力最强、最能展示和代表其所在加盟连锁体系的形象与品质的单店。和其余单店相比，旗舰店通常面积较大、店址较好、商品较齐全、人员素质较高、装修较高档、级别较高（如直接归总部管理、店长职位高于其他单店店长）等，因此旗舰店的销售业绩较好、竞争力较强、总部对其重视度也较高。同时，旗舰店可能还负有一些额外的责任，比如作为其余单店学习、复制、培训的样板，领导、管理某区域内的其余单店，是某区域内所有单店的物流配送中心，是某体系进入某个新市场的"排头兵"等
3	中心店	它一般是针对单店的商圈或所在地域而言的。因为每个店都有自己的商圈，所以处在几个商圈的交会处、能同时覆盖周边几个商圈的单店通常被称作中心店。因其独特的地理位置，中心店通常还具有如下特征或功能：单店规模较大，商品种类较全，具有高度的地域战略意义，对周边几个商圈内的单店进行商品配送等
4	标准店	它一般是针对单店的"配置"特征而言的，即在单店的硬件、软件、有形、无形、内在、外表等方面，标准店的"配置"都是在其加盟连锁体系中比较成熟的，其余加盟店都可以或应该具备同样的"标准件"。比如其店址、装修、商品种类、面积等，甚至其商圈类别、销售业绩、服务水平、管理质量等，都是其所在加盟连锁体系理想的标准化样板

第四节 按照地址分类店面

按地址分类，店面可以分为商业街店、社区店、住宅底层店、商务楼或写字楼店、交通设施店与车载店，如下表所示：

按地址分类店面详解

序号	单店类型	单店特色
1	商业街店	商业街指以平面形式按照街的形式布置的单层或多层商业房地产形式，其沿街两侧的铺面及商业楼里面的铺位都属于商业街店

续表

序号	单店类型	单店特色
2	社区店	社区店指位于住宅社区内的商用铺位，其经营对象主要是住宅社区的居民
3	住宅底层店	住宅底层店指位于住宅等建筑物底层（可能包括地下1~2层及地上1~2层，或其中部分楼层）的商用铺位
4	商务楼或写字楼店	位于诸如酒店、商住公寓、俱乐部、会所、展览中心、写字楼等内部有商业用途的店铺。这类商铺的规模相对较小，但商业价值很值得关注
5	交通设施店	位于诸如地铁站、火车站、飞机场等交通设施里面及周围的商铺，以及道路两侧的各类中小型商铺
6	车载店	商铺位于移动车辆之上，或者说移动的车辆是商品销售店铺

第五节 按照公司战略规划分类店面

按公司战略规划分类，店面可以分为宣传店、营利店、工厂店、培训店等11种类型，如下表所示：

按公司战略规划分类店面详解

序号	单店类型	单店特色
1	宣传店	开设此种类型店面的主要目的是在更好地进行品牌宣传的同时降低宣传成本，比如开设在机场展厅、高铁站商务区的店面，其主要目的是提升品牌形象，扩大品牌的影响力，而这些店面是否能够真正营利并不是其首要考虑因素
2	营利店	开设此种类型店面的主要目的是获得营业收入，95%以上的店面属于此种类型。此种类型的店面一般会经过一系列的市场调研之后才决定是否开设
3	工厂店	开设此种类型店面的主要目的是为周围的店面或者物流配送半径内的店面提供成品、半成品加工服务，这种店面也承担着产品的销售工作。此种类型的店面在餐饮行业应用比较广泛

续表

序号	单店类型	单店特色
4	培训店	开设此种类型店面的主要目的是给实际经营店面的人提供一个正式进入市场前的实战演练场地。此种类型的店面有的会选择开设在办公楼内，有的会选择开设在公司运营中心附近。虽然此种类型店面的主要功能是进行培训，但是在实际经营过程中其依然承担着产品销售的功能
5	展示店	开设此种类型店面的主要目的是让消费者能够更加直观地体验公司的产品，此种类型店面主要应用于电子产品行业、家具家居行业等
6	圈地店	开设此种类型店面的主要目的是占领市场，以此来阻止竞争对手进入某商圈，比如当年金象大药房在进行市场布局的时候就选择在新开发小区的几个大门处分别开设一家药店
7	营销店	开设此种类型店面的主要目的是开展营销，但此店面不提供营销之后的服务。此种类型的店面一般会将店址选在人流量大的商圈区域，但是会尽可能地缩小店面面积。比如说前店后院式经营的美容院的前店等
8	服务店	开设此种类型店面的主要目的是给进店的客户提供产品或服务，主要以提供服务为主。此种类型的店面一般不会将店址选在人流量大的商圈区域，而是会选在一些租金相对便宜的区域，比如说前店后院式经营的美容院的后院店，分布在城市各个街道的驾校报名处等
9	增值型店	开设此种类型店面的主要目的是增加店面营业收入之外的收入，此种类型的店面主要依托于特殊的地理位置，比如通过房产的增值来实现店面的增值
10	家庭型店	开设此种类型店面的主要目的是尽可能地降低单店的开店成本，让自己的门店无限接近于消费终端。此种类型的店面主要提供适合圈子销售的产品或服务
11	公司型店	分公司、子公司都可以是"盟主"方门店的存在形式，此种存在形式主要服务于大的城市市场规划、融资上市等特殊需要，也是一些不适合开设门店的行业常选择的门店类型，比如律师事务所、会计师事务所、培训公司、软件服务公司、互联网公司等

第六节　按照经营特点分类店面

按经营特点分，店面可分为有形产品分销型店面、无形产品服务型店面，如下表所示：

单店按经营特点分类

序号	总类	分类
1	有形产品分销型店面	商品批发型
		商品零售型
2	无形产品服务型店面	固定服务型
		流动服务型

第四章　客户认知：找准客户才能找准市场

第一节　四种客户类型属性特点

新时代的店面经营者，一定要清楚自己的客户属性特点，对自己的客户进行分类，然后依据分类的情况，对客户进行差异化维护，以此来让更多的潜在客户成为自己的普通客户，让普通客户在不断维系中成为种子客户，让种子客户成为店面的超级客户。

如此运营，单店的经营业绩就会相对稳定，从而实现"店前无客流，业绩无影响"的效果。

不同类型客户的属性特点，如下表内容所示：

不同类型客户的属性特点

序号	客户类型	属性特点
1	潜在客户	● 本身有消费需求但因为不知道需求满足店的位置所以未来店的消费者。 ● 因为不知道产品属性能够满足自己的需求所以未来店的消费者。 ● 通过不断影响，可以尝试性购买的人
2	普通客户	● 来店消费后感觉一般者。 ● 可以来店也可以不来店消费者。 ● 对产品本身没有一定依赖者。 ● 主动、被动都不愿意进行宣传类信息传递者。 ● 消费能力、消费频次都不高者
3	种子客户	● 消费能力、消费频次适中者。 ● 愿意主动、被动进行宣传类信息传递者。 ● 对产品本身有一定依赖者。 ● 可培养成为社群代理的合作者。 ● 具备长期来店消费潜力的人

续表

序号	客户类型	属性特点
4	超级客户	● 消费能力、消费频次很高者。 ● 愿意主动进行宣传类信息传递者。 ● 对产品本身有很强依赖的人。 ● 愿意成为社群代理的合作者。 ● 具备长期来店消费潜力的人

第二节　六大客户来源渠道特点

当前，实体店的自然客流开始减少，电商的流量竞争异常激烈！社会的人口数量还在增加，年轻人基础很大，消费力也在逐步攀升，可是店面的经营者却找不到自己的客户。究其原因，是店面的经营者并不清楚自己的精准客户在哪里！假设店面的消费者都是年轻人，那么你就可以在类似抖音、快手、小红书之类的软件中找到他们，因为很多人每天都会把大量的时间消耗在这里。

而店面的经营者，只需要借助这些软件的独特属性，进行商品信息的展现，就可以完成客户的引流工作。所以，不是店前无客流，而是店面经营者没有找到客流来源。

对于采用社交店商模式的实体门店来讲，客户的来源渠道主要有六个方向，如下图所示：

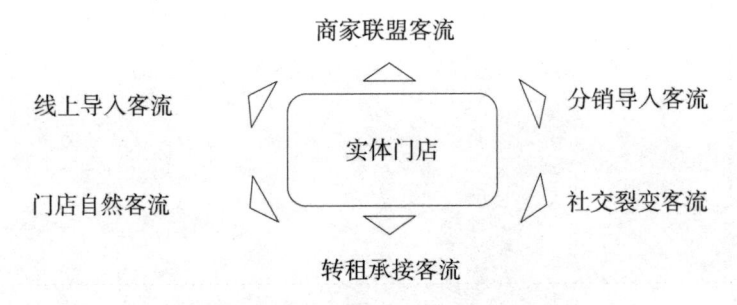

```
              商家联盟客流
                  ↓
线上导入客流 →  实体门店  ← 分销导入客流
门店自然客流 →          ← 社交裂变客流
                  ↑
              转租承接客流
```

社交店商模式下实体门店的客户来源渠道

以上六种客户来源渠道的特点如下表所示：

社交店商模式下实体门店六大客户来源渠道特点

序号	客户来源渠道	详细解读
1	门店自然客流	● 门店附近有大量的人流如从店前经过的人流,通过销售手段可以引流到门店的算作自然客流。 ● 自然走进店面的客流
2	线上导入客流	● 通过第三方平台,比如美团、饿了么等引流至门店的客流。 ● 通过加盟总部的电商平台引流至店面的客流。 ● 通过门店经营者自主经营的社交媒体比如微信、抖音、快手等引流至门店的客流
3	商家联盟客流	● 通过与物理商圈半径内的其他商家进行异业合作,在互惠互利的前提下,其他商家引流至店面的客流。 ● 商家在物理商圈半径内发展自己的小代理,从而引流至店面的客流
4	分销导入客流	● 店面经营者先在物理商圈半径范围内发展专职分销人员,然后由分销人员通过营销方式引流至店面的客流
5	社交裂变客流	● 门店的经营者让进店的客户参与分享类活动,通过该活动引流至门店的客流
6	转租承接客流	● 现在的店面经营者往往都会将自己的客户添加至自己的微信群,店面新的经营者在从上一个经营者手中承租商铺时,可以直接承接上一个经营者的微信客户群,然后在群里举办相对应的活动,从而将群里的人引流成店面的客流

第五章　经营思维

第一节　70条金典重塑新时代店面

　　改变思维，才能改变行动方向。新时代给实体门店带来了一定的困难，同时给实体门店带来了新的发展机遇。要想真正把握这些机遇，新一代的店面经营者需要学会顺势而为地进行店面经营。

　　社交店商的思维更多的是基于实体门店经营特色，运用社交的属性特点，借力移动互联网的功能属性，进行实体门店的经营。

　　笔者将从以下方面给大家展开论述，分享给大家70条金典，帮助大家重塑新时代店面。

1. 营销动作一定要连贯地"打出去"

　　采用社交型营销模式时，只有连贯地将营销动作"打出去"，才能够真正发挥出营销的威力。比如说店面新推出一款产品，我们在朋友圈内进行饥饿式营销，这个时候一般会有客户预订产品，我们需要做的就是及时对预售产品进行直播展示，然后报出预售产品的余量，以此来刺激犹犹豫豫的客户群体。当有客户拿到了产品、用到了产品时，一定要对这个节点进行展现。

　　当客户体验了产品之后，我们需要通过可以留下凭证的微信，去回访客户，了解其感受，当获得客户的好评时，一定要将这个信息展示给没有产生购买行为的客户群体。

　　最后一个营销动作是展示预售的产品已被抢购一空的结果。我们一定要根据产品推出的时间节点及时地展示商品已售罄的结果。如果在售罄的信息发布出去之后还有客户想要购买，你可以有策略地去处理，让对方先报出预订的数量，使对方感觉到你是特意为他开了"绿灯"。

2. 推出的新品一定要彻底"打透"市场

对于推出的新品，切忌采取"水过地皮湿"的营销方式。我们在实际经营过程中，一定要让新推出的产品彻底地"打透"市场。所谓"打透"，就是让这个产品至少经历尝鲜、复购、抢购、客户好评等节点。当然，并不是每一个新品都能够火爆市场，但是我们需要做的是至少让消费者看到它"辉煌"的一面，换句话说，即使新品不火爆，我们也需要让它"辉煌"地退出。

3. 没有介绍清楚价值不要谈价格

对于走进店面的客户而言，如果你不能够清晰地让对方了解这个商品的价值，那无论你卖多少钱，他都会认为你的这个商品价格太高。所以，在没有向客户介绍清楚商品的价值时，不要轻易地告诉对方商品的价格。

4. 客户回访的价值在于改进、维系、宣传

商品卖出去后，一定要做好客户的回访工作。因为在回访的过程中，你可以了解客户真实的感受。

在实际回访过程中，有一些客户可能会觉得产品并没有他们想象中那么好，但是又不想给自己添麻烦，所以不会将自己的真实感受反馈给店面经营者。他们的做法通常比较简单粗暴，那就是不再光顾这个店。或者，即使再光顾这个店，也不会再买这个产品，这样就会让门店丢掉一些客户。

假设店面经营者能够及时地进行有关客户真实感受的回访，绝大多数的客户还是很乐意反馈自己真实感受的，这样也有助于店面经营者及时处理客户投诉，以此来挽回可能会失去的客户。当然，这也是一种加深客户对店面印象的方式。

除此之外，店面经营者还可以收集客户"点赞"式的回复，这些回复都是店面经营者进行朋友圈展示的优质素材。

5. 有节奏地开展以店面为中心的营销动作

实体单店有其有限的商圈经营半径，作为店面经营者，需要有节奏地去围绕单店进行商圈半径内客户的充分挖掘。这个节奏可以从两个角

度去思考，一个角度是先熟悉店面周围的商业环境，然后根据方向、距离等因素有节奏地开展营销动作；另一个角度是根据每天经营的高低峰，合理安排自己的有效营销时间。

6. 寻找种子客户，以其为中心进行裂变

社群运营的核心思维之一，就是将已经建立连接的客户作为种子客户，借助一些利益、情感、荣耀等方面的驱动力，充分挖掘种子客户背后的客户群体，并再次逐级培养，逐级挖掘。

7. 让客户每天都能感受到你设计的惊喜

店面日常经营中，每天都需要设计一些小活动，来刺激和活跃每天光顾你朋友圈的客户，让这些经常光顾你朋友圈的客户能够在你的朋友圈中得到额外的收获，以此来避免客户屏蔽你的朋友圈。

这些惊喜小活动通常还会带来额外的连单销售。

8. 让客户像看小说一样翻看你的朋友圈

没有一个人喜欢看铺天盖地都是广告信息的朋友圈，既然这是大家公认的，那作为店面的实际经营者，就需要好好打造自己的朋友圈。

店面经营者可以在朋友圈发布有关自己特点、情感、工作状态、事物认知等方面的信息，然后将这些信息和经营的产品、活动有机地结合起来，以此来达到人人都想翻看你朋友圈的效果。

9. 每天、每周都要有明确的主推产品

社交店商营销活动中，每天、每周都要确定一个主推产品，给别人不一样的朋友圈感觉。

根据笔者实际的店面经营经验，即使你今天主推的是 A 产品，在实际销售的过程中，其他类型的产品往往也会被连带着销售出去。而且，主推一个产品时，可以从不同的角度对这个产品进行阐述和介绍，以便客户群体能够更加充分地了解产品的特点和属性。

10. 只有时刻充满活力的单店才能活跃客户

假设你走进一个店面，发现这个店面冷冷清清，你还会愿意在这个店面中久留吗？一般来说答案是否定的。所以，我们经营店面时，如果

想让自己的客户充满活力，首先需要做的就是让自己活跃起来，如可以借助店面背景音乐、播放的产品宣传片、店员的热情招待等。如果这些方面做得都不错，那即使店面中只有一个客户，他也不会感觉孤单和冷清。

11. 能够随口描述出你与客户发生的小故事

如果想经营好一家店面，那一定要维系好客户，尤其是一些特别重要的老客户。

如果你想维系好这些客户，那最起码要做到对这些客户非常了解。如果连这个基础工作都做不好，那么一定不能够很好地进行客户的维系。所以，正确的做法是通过建立客户档案、反复回忆客户信息等来记住客户，要能够随口讲出你与客户之间发生的小故事。能够做到这一点，你的客户一定也会给你意外的回报。

12. 沉淀客户不是让客户沉底

随着微信通讯录中好友数量的不断增加，往往会出现这种情况：之前能够维系的客户，现在不能够及时维系，甚至很久都没有相关互动。

这种状态对任何处于经营阶段的单店而言，都是一个非常危险的信号，因为大量沉淀下来的客户成了单店的沉底型客户，而客户一旦沉底，再想将他们激活，单店需要花费很多精力。为了避免这种尴尬局面的出现，一定要学会合理地安排自己维护客户的时间节奏，比如店面经营者可以按照微信通讯录的顺序进行客户维系，一天维系100个客户，一个月就可以完成3000个客户的维系工作（按一个月30天计算），如此一来，可以大幅度地减少客户沉底现象。

13. 再"老"的店面都要具备持续"造血"能力

店面经营一段时间之后，无论是店面的经营、店面的商品陈列还是客户的沉淀，都容易处于疲软的状态，这种状态对于店面的长久发展是非常不利的。

如果想让店面持续充满活力，就需要通过新的活动去不断地维系、激活客户，通过不断引进的新品去刺激客户。只有这样，才能够让你的店面持续具备经营的活力。

14. 客户进店的低谷期应是你进行开拓式营销的高峰期

每个店面在日常经营过程中都会出现非常明显的高峰期和低谷期，作为店面的经营者，在经营店面一段时间之后，要能够找到这个规律，然后依据这个规律合理安排自己的工作时间。

对于店面经营者而言，无论是店面生意冷清还是火爆，都要拿出一定的时间去开拓店面周围市场，这种开拓，既可以是地推式开展营销，也可以是借助互联网附近属性功能开展营销。

15. 即使店面不火爆也要让朋友圈火爆

消费者一般都喜欢去火爆的店面凑热闹，而不喜欢去冷清的店面"捧场"。所以，在日常经营过程中，一定要将店面生意火爆的场景拿出来分享，让你通讯录中的客户看到，从而吸引这些客户进店，并要做好其他方面的口碑宣传。

记住一个重要的事实：再冷清的店面，每天也会有一定数量的人光顾，即使没有人光顾，也可以"创造"出火爆的售卖场景。利用各种方法在你的朋友圈营造火爆的店面场景效果，从而让店面真正火爆起来。

16. 用维系渠道的心态去维系每个客户

每一个客户背后都会有一个圈层，这个圈层具备的属性特点相似度很高。比如，如果我们经营的是榴梿产品，在开拓客户时就要想到一个喜欢吃榴梿的客户的朋友圈里一定隐藏着其他喜欢吃榴梿的人，我们需要做的就是用心去维系好每一个客户，然后寻找恰当的方式去激活、裂变每一个客户背后的潜在客户，让他们成为我们的忠实客户。

17. 和你的客户属性一致的商家就是你要寻找的合作伙伴

现在商家都有一个意识：只要客户属性一致，在店面经营中就是可以合作的。因为你的客户可能是我的客户，我的客户也可能是你的客户，彼此合作就可以实现客户资源的共享。

因此，店面经营者在实际经营过程中，一定要有这样一个意识，就是在自己的商圈半径内去寻找和自己的客户属性一致的店面，这些店面往往就是可以与之进行深度合作的店面，原因无他，双方客户高度相交！

18. 递进式地进行产品导购而非大跃进式地进行产品导购

客户对你的店面、对你的品牌、对你个人的信任度，都需要慢慢地建立起来，店面经营者不要急于给客户直接推介单价非常高的产品，因为在客户的信任值达不到的时候，其不会轻易下单。

最关键的是，直接向新客户推介单价高的产品，会将一些客户吓跑。店面经营者需要做的是循序渐进地给对方推介，先推介对方容易接受的产品，然后通过这些产品品质来不断"积累"彼此之间的信任值。只要客户对店面经营者的信任值达到了一定的水平，那么客户对你的忠诚度就会很高，对你推介的产品也会较容易做出购买行为。

总而言之，有了信任值你会发现，你主推什么产品你的客户就会主买哪款产品，你想让哪款产品大卖就可以让哪款产品大卖。

19. 自己的问题切不可推卸责任

在店面经营过程中，你会遇到形形色色的人，其中当然不排除一些喜欢无理取闹、占小便宜的人，但是据统计，99%以上的客人都不具备这个属性，我们不能够因为这不到1%的具备这个属性特点的人群，而去冷漠对待其他超过99%的客人。

因此，当客户反馈了一些不好的问题时，一定要先从自身的角度去寻找问题，切忌跟客户据理力争。正确的做法应该是，妥善处理客户的问题，售后服务体贴到让客户感动！

20. 寻找、开拓一切有利于传播自己的广告位

在店面的实际经营过程中，很多经营者会选择在已经成型的广告位进行相应广告的投放。其实，在实际经营店面时，只要经营者用心去观察、去发现，就一定能够在许多并不起眼的地方找到非常不错的广告位。

比如，你打算在某个小区进行广告投放，那你可以选择与小区的快递站点合作，因为很多小区内部的快递站点不提供送货上门的服务，住在这个小区的业主，基本会主动去快递站点取快递，店面经营者在这样的快递站点张贴一则广告，可以起到针对该小区绝大多数潜在客户营销

的效果。而且，店面经营者与快递站点合作，并不需要支付太多的广告费用。

以此为例，我们不难发现，只要是人群聚集的地方，就可以成为我们投放广告的地方，不论这个地方之前是否有广告位，我们都可以通过开动大脑来进行广告位的开拓。

21. 努力成为客户的产品顾问

因为专业，所以相信。

作为店面的实际经营者，我们一定要对自己所在领域的专业知识了如指掌，只有对这个领域的专业知识非常了解，你才能够将这些专业知识转化成经营活动，才能够通过这些活动来影响客户对你的印象。

以榴梿产品为例，普通人可能只是对榴梿有一个初步的认知，而喜欢吃榴梿的人，往往喜欢了解更多有关榴梿的知识，因为他们可能会用到这些小知识。

所以，店面经营者越专业越能够赢得客户对自己的信任，也就越能够让客户选择自己推荐的产品！

22. 再少的货品也要陈列出属于它们的艺术美感

产品太少就没有办法摆出美感吗？其实不然，我们可以通过摆放装饰品、使用陈列道具、采取不同的摆放造型、提供产品的详细介绍卡等方式进行商品的陈列，以此来摆出属于它们的艺术美感！

也可以结合产品本身自带的属性特点，有针对性地为产品打造一个商品展示场景，以此来让消费者直面产品价值。

23. 任何送礼、折扣都不要让对方感觉理所应当

在店面的实际经营过程中，我们经常会给客户提供一些小礼物、给客户一些折扣，但无论是哪一种情况，都不要让对方产生理所应当的感觉，因为理所应当的小礼物、折扣很可能会让客户感觉产品廉价，认为你的产品价值与价格不匹配。

比如，店面经营者若选择赠送手机支架，一般不宜直接将大堆的手机支架展示在客户面前，而应该在客户结账完毕将其中一个单独赠送给客户，然后说一句"感谢您的第××次进店，单独送您一个我们店专属

的手机支架，留作纪念"类似的话语。意外的惊喜能够让客户加深对门店的记忆，反之则会起到不良效果。

24. 任何活动的设计都要围绕客户激活、维系、裂变展开

对于具备社群属性的店面而言，其客户群体可能会因为其经常发布朋友圈而屏蔽其朋友圈内容，也可能会成为沉默的观察者。

这些沉默的客户群体，需要我们通过一些活动再次对他们进行刺激。因此，我们在进行店面营销活动的设计时，一定要有针对性地对待这些客户。

除此之外，我们一定不要忘记利用活动进行产品的裂变传播，这个裂变传播，实际上能够解决三个维度的事情：第一个维度是通过客户向他人传播朋友圈二维码来获取新的客户群体；第二个维度是让只对这个产品感兴趣的群体成为自己的新用户；第三个维度是帮助自己激活微信通讯录中沉默已久的老客户。

25. 任何营销活动都要有始有终

在朋友圈里进行的营销活动，一定要将整个活动的开始、运营、反馈、效果、评价、商品剩余数量以及活动结束等环节都展现在朋友圈中，以此来让每一个客户都拥有这样一种感受：这家店面现在开展的这个活动原来如此受欢迎，自己因为犹豫竟然错过了这个大好机会，下次有机会一定要趁早参与。

只有让客户拥有这样的心态，才能够让你的营销活动不仅能够影响现在，还能铺垫未来。

26. 火爆场景的素材来源渠道不仅仅是个人店面

很多店面经营者表示，自己的店面并没有经常出现火爆的场景，所以，很难在自己的朋友圈中去展现产品或服务被火爆购买的场景。其实，这个行业有个潜规则，那就是直接借用兄弟单位拍摄的小视频、照片，将之作为自己的素材，因为兄弟单位的店面装修风格、产品外观、微信头像和自己的基本一样，客户往往无法分辨出这个素材是否真正来源于你的店面。

除此之外，你还可以在抖音、快手、小红书、新浪微博等具备附近功能属性的自媒体中进行店面展示，然后将你发布内容下面的点击量、点赞量、评论数量等内容截取出来，以此来佐证你的店面生意异常火爆。

27. 拼单、顺带、团购等思维都有助于额外开单

店面实际经营过程中，很多客户可能在距离你的店面几千米之外的地方，这时我们可以根据店面不同的配送距离，设计一个免运费的起送价。在实际配送过程中，很多客户可能会因为订单金额不够而不能够享受免费配送的服务。我们可以从他的角度出发，建议其寻找身边的朋友一起拼单购买，这样就可以享受免费配送服务了。

再比如说，客户想获得一个相对较低的商品价格，我们就可以建议其多找几个人和他一起团购该商品，从而享受到低价购买的优惠。对于店面的经营者而言，这相当于又多了几个由客户自主开发出来的客户。

在进行客户管理时，我们可以对客户以小区为单位进行标签备注，这样的话，我们在给某一个小区送产品时，就可以顺带着给这个小区的其他客户发消息，我们将在××时间送货到他们居住的××小区，以此来激发有潜在需要的客户做出购买决定。此种做法，一方面可以进行客户维系，让对方知道我们很用心地记住了其居住在哪个小区；另一方面可以激发出本不会有的额外订单。这个捎货的行为，可以让消费者享受不需要满足起送价要求就可以免费配送的服务，让对方感受到我们服务的温度。

如上所述的服务，往往可以给我们带来许多额外的惊喜。

28. 120%的自信才能让客户感受到100%的靠谱

你有一百分的自信，而客户往往只能感受到八十分。因此，为了让客户100%地信任你，你应该有120%的自信！所以，请多用"肯定""一定"等词。

29. 微信回复客户信息时能用语音就别用文字

如果能用语音对客户的问题进行反馈，就尽可能地选用语音。这主要是从这样两个方面来考虑的：一是文字的回复速度远远比不上语音的回复速度；二是语音回复带有明显的感情色彩，而生硬的文字容易产生

一些没有必要的误解。

因此，笔者建议在给客户回复信息时，优先选择使用语音方式。

30. 用你惯用的语言表达方式自然地传递信息价值点

店面的实际经营者在进行活动、商品等的介绍时，切忌生搬硬套地进行信息传递，而一定要在介绍中完整包含活动、商品的信息价值点，然后用有自己风格的语言表达方式进行信息的有效传递，因为这样的表述方式可以让经营者的表述更加自然，并真正地将价值点有效地传递出去，客户是不会耐心地听经营者"背书"的。

31. 任何一款体验产品都要有明确的商品导购方向

产品体验的目的，是通过这个产品让客户感受到产品的独特优势，借助这个体验型的产品，引导客户直接购买相应的商品，从而完成产品从被体验到被购买的过程。

如果体验的产品与导购的产品关联度偏差很大，那么直接导购的成功率就会很低。

举一个很简单的例子：经营者想让消费者购买今年新上市品种西瓜，为了让客户能够真正了解这种西瓜的与众不同，其可以将西瓜切块后让客户试吃，如果客户试吃后发现这种西瓜的口感确实与以往购买的西瓜有明显的区别，那消费者往往会为此买单，而如果经营者先让客户体验杧果，然后引导其购买西瓜，那么成功率可想而知。

32. 开场白既要包罗万象又要聚焦一点

开场白要包罗万象，但这并不意味着需要长篇大论地进行描述。包罗万象的开场白，可以让客户迅速地了解到店面经营的产品并不是单一的产品，而是拥有同一属性的多类别产品。聚焦一点的目的则是有针对性地引导新客户，使其尝试购买店面入门级产品，让客户在众多的产品中不迷茫。

比如，"我们是一家榴梿主题店，有榴梿鲜果、冻果肉、榴梿干等，这边是我们家的特色产品烤榴梿"就是成功的开场白。

33. 店面经营者不要做"啃老族"

采用社交店商运营模式的店面，一定能够沉淀大量的客户信息，这些客户对店面已经有了一定程度的认知，所以，在很多新品、滞销品的市场营销中，这些客户或多或少都能够给店面带来一定的销量，但是这些客户带来的销量毕竟有限。店面经营者切忌反复对这些老客户开展营销活动，因为营销次数多了，老客户就会认为自己是你滞销产品的"回收站"、新品的"实验室"，久而久之，他们就会选择不再参与店面的活动，从而让你的店面失去老客户的支持。

正确的做法应该是，把握好老客户的维系节奏，以便让老客户能够拥有一个舒适的被营销节奏，同时有节奏地挖掘更多的新客户。

34. 掌控客户的消费节奏

客户选购每一种商品、服务都是有规律可循的，如果在规律范围内客户没有来店消费，那么其很有可能去了其他的店面，离开了现在生活的物理圈层，或者改变了自己的生活状态。如果店面的经营者能够掌握客户的消费规律，那其就可以最大限度地将绝大多数客户长期留存在店内。

消费者的消费规律，一般与店面经营的商品或者服务有着直接的关系，比如一个榴梿爱好者，他每个月可能至少会来店消费3次，再如一个成年男性，他基本上每个月需要理发一次等。

这些消费规律有些是生活常识，有些是通过店面的经营观察得出的结论，有些则需要通过对会员管理数据进行后台分析得出。总而言之，无论店面的经营者通过什么方式掌握消费者的消费规律，最重要的都是结合这些客户的消费规律，设计出能够充分调动他们消费节奏的活动方式，或者是日常维系客户的方式，以此来让每一个客户都活跃在经营者的经营节奏之中。

35. 用市场规则去引导客户，而非让客户主导你的行为

很多店面经营者都会遇到客户挑战市场规则的情况，比如，对商品讨价还价、对约定的时间不遵守、活动有效期截止后再来消费并要求享受优惠等。

店面的经营者制定了明确的市场规则后，一定要严格地按照市场规则执行，但是在执行时要有一个前提条件，这个条件就是店面的经营者

必须在消费者购买产品前对其进行相应信息的告知。

请记住，只有公平地对待每一个客户，店面经营者制定的市场规则才是公平的，否则就会让遵守规则的人失望。

36. 保持店面经营活力的诀窍是不断折腾

一成不变的产品、一成不变的服务状态、一成不变的装修风格、一成不变的活动方式，不但会让店面的经营者产生审美疲劳，而且会让店面的消费者逐渐丧失来店的兴趣，此种现象对于店面经营者而言非常致命。

作为店面的经营者，需要做的就是让店面每天都能够呈现新的形象，比如各种不同类型的活动轮番上阵，定期改变店面陈列形式，再比如店面的装修可以在装饰品上作调整等。

37. 每一场活动都要精打细算

店面在实际经营过程中，一定会穿插各式各样的活动。每一场活动的举办都会涉及方方面面的信息。

作为店面的经营者，对于每一次推出的活动，无论是盈利的活动，还是亏损的活动，都一定要将活动环节中产生的每一笔费用记录清楚，以便最终核算出一个具体的、真实的盈利或亏损数字。如果店面的经营者不能养成对每一个活动都精打细算的习惯，就很有可能让本该盈利的活动变成亏损的活动。

在精打细算的同时，一定要学会统计活动之后的市场数据，以此来衡量本次活动的市场价值。

38. 客户的消费习惯是你培养出来的

客户习惯性地向店面要赠品，客户习惯性地教育你，客户习惯性地不遵守你的市场规则，客户习惯性地违反你店面的禁烟指令……

出现上述行为，绝大多数原因不是客户本身出现了什么问题，而是店面的经营者让客户养成了这些习惯。所以说，如果你想让你的客户按照你期望的状态出现，那你就需要把握好每一次与客户互动的机会，利用这每一次机会去塑造你期望的客户。

39. 做个精细化管理客户的有心人

对于一个客户量超多的店面经营者而言，是很难记住每一个客户的属性信息的，即使仅仅记住主要客户的属性信息，也是一件非常难的事情。

但是，如果是通过社交软件与客户进行沟通，还不能记住客户的属性信息，那就是一件不可原谅的事情了。作为一个合格的店面经营者，你需要将客户姓名、性别、购买偏好、居住地址、联系方式、过往购买行为等信息全部备注到社交软件的相应位置，以便下一次你再与客户进行沟通时能够产生联想记忆。

如果你记住了客户都没有记住的信息，能够根据客户以往的购买习惯有针对性地对其进行推介，并第一时间报出客户的送货地址，那你一定能够赢得客户对你的尊重和信任。这样的经营者经营的店面一定生意火爆，这是一个精细化管理客户的经营者必然会获得的结果。

40. 让初次进店的客户更了解你的店面远比急于推销重要

对于初次进店的客户，不要着急向他推销你认为适合他的产品，因为这个时候你并不了解他，他也并不了解这个店。

你需要做的是利用他在店的时间尽可能多地了解他的信息，同时传递给他店面经营的产品信息，最后销售一个最适合他的、他眼下急需的产品，并让他清楚地记住你的店都能够给他提供什么类型的产品或服务，以便他在有相应的需求时能在第一时间想起你、找到你，以此来促成日后的合作。

41. 让进店的客户感觉自己"占了小便宜"

趋利避害，是绝大多数人的天性。因此，店面经营者在实际进行客户服务时，可以多提供一些能让客户感觉占到便宜的小活动、小礼物，这样客户的满意度往往会大幅提升，客户对你店面的记忆也会更加深刻。

比如，客户在等待时你可以为其供一些小零食，客户结账完毕可以赠予其额外小礼物等。

42. 不具备增殖能力的种子客户价值不大

店面经营者的精力永远是有限的，因此，我们需要做的就是用有限的精力去尽可能地服务好更重要的客户群体。这句话感觉上不近人情，但是实际上店面80%的收益是由20%的客户群体创造的。

那些既不能够实现客户有效裂变又没有稳定购买行为的客户群体，不是店面经营者需要重点服务的客户群体。但是这里的非重点服务，并不代表经营者要降低对这类群体的服务标准，而是指要加倍服务好具备增殖能力的种子客户。

43. 黏住客户的不是社交软件

作为店面的经营者，不要认为你添加了客户的微信，关注了客户的抖音账号等，你就可以超强地黏住这些客户群体了。

你们只是建立了一个连接关系而已。作为店面的经营者，你需要做的是利用社交软件增加客户看到你的频次，加深客户对你的了解程度，增加客户与你的互动。

如此才能够迅速拉近客户与你的心理距离，再加上客户来店后与你的互动，这才是黏住客户的必胜武器。

44. 主流社交软件不是唯一的营销载体

作为店面的经营者，我们需要做的是让所有客户群体在他们的所有社交软件中都可以看到店面的信息，而不是将店面的信息只公示在微信或抖音、快手、小红书一类的流行社交软件。

45. 不要偏听个别客户的反馈

作为店面的经营者，你不需要因为一两个客户的负面反馈而感到沮丧。

在店面的实际经营过程中，总会丢失一些客户，也总能够积累一些客户，还能够不断开发出更多的新客户。店面经营者不可能做到服务好每一个客户，能够做到的是，让绝大多数的客户因为你的服务而备感舒畅。

46. 做不到原创就努力做精彩内容的"搬运工"

中国式的创造是模仿、创新、超越。

这句话同样适合店面的经营者，采用社交店商运营模式的实体门店，每天都需要创造大量与产品、服务、营销等相关的文案内容、图片内容、视频内容。

这是一个漫长的过程，又是一个非常"烧脑"的过程，作为店面的经营者，如果你不能坚持每一项内容的原创输出，那你可以在各大流行软件中寻找相似的作品，然后对这些作品进行本店化的再创造，以此来满足店面经营每日必需的高质量内容的输出。

47. 罗列产品价值胜于不讲产品价值

作为店面的经营者，如果你不能够在很短的时间内抓住客户真正的需求，然后根据客户的需求有针对性地对产品价值进行介绍，那就请将你了解到的产品价值，按照你认为的重要顺序进行介绍，如此一来，即使你不能够立刻"抓"住客户的"心"，也胜过你不愿意、不敢于向客户介绍，因为你至少给了客户判定自己需求的依据。

48. 不要怀疑自己的专业性，你远比客户更专业

作为店面的经营者，你一定要对自己的专业有信心。试想一下，你自己都对自己掌握的信息不够自信，你又怎么能够抓住客户的心呢？

请记住，客户是产品的使用者，他只是过往同类产品的使用者，不是你眼前这个产品的使用者，他能够了解到的产品信息是有限的，而你了解到的专业信息一定多于对方，所以，你需要做的就是自信地向客户进行商品、服务的介绍，因为你永远比他更专业。

49. 客户不是你的上帝，你才是他需求的满足者

作为店面的经营者，请你记住，"客户就是上帝"的时代已然过去，如今客户与商家是一个平等的关系。采用社交店商运营模式的店面经营者，不需要低人一等地去进行客户服务，而是需要像交朋友一样跟客户相处。否则，客户就不会太将你放在心上，更不会成为你店面的忠实粉丝。

在此，笔者着重强调一点，不把客户当作上帝并不代表你不需要认真、负责地为客户提供应有的服务，而是需要将仰望的心态调成平视的心态。

50. 只要你频繁出现，客户就一定买单

当你的头像、你的微信名称、你的评论内容出现在客户面前时，你不用去做任何营销动作，可能就收到了成功的营销效果，因为对方看到你的任何消息，都会将你和你经营的店面联系在一起，只要他在这个时间点刚好有购买需求，他就很可能出现在你成交的页面之中。

51. 生意没有淡旺季，经营才有好坏之分

对于店面的经营者而言，旺季的时候应该有旺季的经营策略，淡季的时候应该有淡季的经营策略。

不要认为所谓的行业淡季真的存在，其实，这是店面经营者给自己的松懈找的借口。

52. 产品出口不局限于实体门店，触角延伸可创造更多价值

采用社交店商运营模式的店面，不能因为实体店面位置偏僻、物理配送半径有限就放弃本该属于自己的市场。你可以将你的产品或者服务信息展示在相近业态的店面之中，同时招募自己产品或者服务的终端小代理，以此来进一步进行市场渗透。

如此一来，不但有助实现对市场的快速布局，而且可以更便捷地服务客户。

53. 创造时间机遇，用你的专业再次征服客户

每一个客户对于自己购买的产品或者服务，都想尽可能多地去了解相关专业知识。这个心理诉求对于店面经营者而言是一个机会，如果你能够用你的专业知识去进一步征服你的客户，那么这个客户去其他店面消费的可能性就不大，因为你给客户进行专业知识普及的过程，实际上就是向对方营销的过程，在这个过程中，你可以尽可能多地阐述产品的价值点，对方对你的产品了解得越多，他与你之间建立的信任值也就越高。

因此，作为店面的经营者，如果有时间，一定要用你的专业知识去再次征服你的客户。

54. 火爆的活动后一定要有冷静期

在店面刚刚做完一场火爆的活动之后，店面经营者切忌紧跟着举办

新的活动，用活动频繁地刺激客户的需求，会让他们的积极性大打折扣，从而影响客户关系持久性。

因此，在门店组织了一场活动后，可以用半个月左右的时间去巩固上一场活动获得的新客户，让这些新客户和门店之间的联系加深。同时，不要忘了与老客户互动，多征求他们对于参与活动的建议，一方面可以表示出你对老客户最大的尊重，另一方面可以为门店做下一场活动提供借鉴。

请记住，没有经营不好的店面，只有不用心经营店面的经营者！

55. 经营者需要及时调整淡季、低谷期的心态

任何一种生意，都会有一天、一周、一月或一年甚至更长时间的低谷期。作为经营者，需要做的就是以平常心去对待每一个时间周期，争取做到在旺季的时候不盲目地认为自己的生意一年到头都会这么火爆，从而不会在火爆期间降低对服务质量、产品质量、客户沉淀等单店持续生存之本的关注；在淡季的时候不会用期盼旺季快点到来的心态对待单店的业绩，而是积极地结合单店的实际情况，有针对性地设计相应的活动来增加店内人气，只要店内的人气上升，单店的生意就不会过于惨淡。所以，经营者要及时调整淡季、低谷期的心态，努力保持单店的营利状态。

56. 一定要找到单店每天、每周的客户高潮期

无论单店生意好坏，每天、每周都会出现客户高潮期，这个客户高潮期会因为产品、单店选址、节假日等因素而差距很大。比如，餐饮行业就有明显的午饭、晚饭的经营时间点，美容行业也会出现白天人少、晚上人多的状态。选址在商场的店面会在周末的时候异常热闹，选址在社区的店面会在周末时迎来一周最惨淡的时段。对于一线城市而言，很多门店会在春节期间门可罗雀。三线以下的城市，商铺会在春节前后人满为患。选址在办公区域的店面，中午的客流最多，晚上客流最少……而选址在生活区域的店面，白天客流最少，晚上客流最多……

单店经营者可以根据单店自身的特点，找出单店每天、每周的客户高潮期，然后依据客户高潮期的时间点，提前进行产品准备、营销预

热，以此来实现客户高潮期价值的最大化。

57. 学会找到你的客户在哪里

单店的经营者必须知道去哪里才能找到自己的客户，否则店面的经营一定会处于非常被动的状态。

在学会找到你的客户在哪里之前，首先要清楚地定位你的主要客户。这个动作的完成对于单店而言其实不难，只要单店的经营者能够用心地去观察和总结来店客户的情况，就一定能够找准自己的客户群体。

一旦你确定了你的客户群体的性别、年龄段、消费能力以及其他属性，你就可以有针对性地去寻找这些客户主要集中在哪些区域，然后在这些区域有针对性地进行广告信息的传播。这样，你的单店经营状态就一定会从被动状态变为主动状态。

58. 让客户反馈成为你的传播工具

只要单店的经营者能够拥有每一个进店消费客户的联系方式，那么接下来门店与消费者之间的互动方式可以多种多样。

其中一种互动方式就是单店的经营者回访消费者的消费体验，只要产品的品质能够满足消费者的消费需求，许多消费者就非常愿意将好评内容留给商家，这些好评内容可能是朋友圈的点赞评论、微信对话的好评语言、消费者自己发布的朋友圈、抖音视频内容等。

这些内容都是非常好的产品品质佐证素材，单店的经营者一定要将这些素材及时收集上来，然后选择合适的时机发布出去。此类内容一定要选择在客户比较集中的时间段发布，同时结合具体的产品进行发布，以此来让这些客户反馈的传播价值最大化。

59. 给客户推荐最适合他的产品或服务

单店经营者在给消费者进行产品或服务的推介时，一定要选择最适合他的产品或服务，而不是为了让他多消费而进行产品推介。

要达到这种效果，最有效的方法就是实事求是，当你的出发点是帮助消费者选择最适合他的产品时，你就一定可以达到这种效果，而你的消费者也能够感受到你的真诚。这样才能够让你的客户在进行一次消费之后迅速地卸下自己的心理防御，然后更加信任你的安排。

对于上述内容，还需记住两点：一是最适合的产品或服务不一定是最便宜的产品或服务；二是最适合的产品或服务对于同一个消费者而言，不同的消费场景会有不同的推介点。

60. 让产品的生命周期成为门店有节奏的"心跳"

每一个产品都有它的生命周期，都会有明显的上升期、峰值期、下滑期。产品可以有它的生命周期，但是对于单店而言，我们不能够让产品的生命周期决定单店的生命周期，否则，单店的生命力就会很脆弱，单店就很容易随着产品生命的衰落而经营惨淡。

为了能够让单店具备持续的生命力，单店经营者需要依据产品的生命周期有节奏地引进新品，如此才能够让单店有效地借助每一个产品的生命周期产生源源不断的生命力，如下图所示：

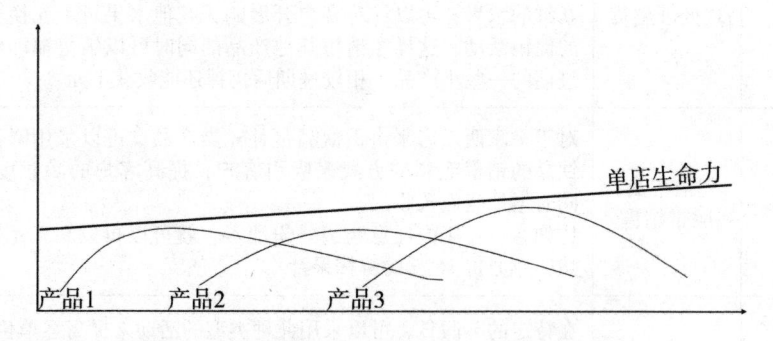

借助各产品生命周期让单店产生源源不断的生命力

61. 消化库存的同时给客户创造惊喜

很多单店都会有消化过季货、滞销货、降质货、临期货等的要求，对于这些货品，很多单店采用的营销方式就是降价促销。

但是，新时代的消费者往往会给单店这种促销的产品贴上"问题商品"的标签，因此，单店在促销时也就处于一个尴尬的局面，即使降价处理商品或服务，往往也不能在短时间内达到消化库存的目的。

所以，单店在处理库存货物时，一定要做至少一个和产品相匹配的活动，活动一定要达到如下表所示的几个目的：

处理库存货物时单店促销活动应明确以下目的

序号	目的
1	不能给客户降价甩货的感觉
2	要让客户有一种紧迫感
3	要让客户充分了解这些产品的价值
4	给客户适当地设置一个非价格方面的门槛，比如转发朋友圈享受折扣、推荐好友领取赠品等

具体的操作思维可以参照下表所示的内容：

处理库存货物时单店促销活动可参考的操作思维

序号	思维角度	详细说明
1	不要随性减免式处理尾货	对于即将过期的小件产品，可以在销售其他产品时，以补贴方式打折销售。 比如水果店在实际销售过程中，对于货架时间较长、不太新鲜的水果，可以针对客户开展购买其他水果可 1 元换购的促销活动，这样在销售其他产品的同时可以销售掉即将过期的一些小产品，相较过期后扔掉还能收获 1 元
2	超值享受，顺带销售	对于一家西点店来讲，饮品是补充类产品。可以采用降低饮品的销售毛利的方式来吸引客户，提高客户的满意度，同时增加店面营收。 比如客户在店内任意购买一份甜点，就可以再以 9.9 元换购一瓶原价 16 元的鲜榨果汁
3	让客户主动凑单，满额后换购	在特定的节假日，可以采用此种类型的活动来提高客单价，让一个原本不足换购金额的客户通过自主拼单的方式来提高其消费额度。 比如购物满 100 元就可以换购一款产品，客户购买了一款价值 98 元的产品，那么客户很可能会再购买一款低额度的产品，以此来取得换购资格
4	创造让客户有偿体验的环节	如果某类型的产品本身非常好，只是缺少一个体验的环节，则店面经营者可以通过创造一个有偿体验的环节来实现此类产品的后续销售。 比如购买海苔卷一盒，客户只需要再加 10 元就可以购买原价 16.8 元的海苔脆一袋

62. 让别人的爆品成为你的引流品

这个时代，产品同质化非常严重，一个新品推出后，仿制品很快就会在市场出现。

店面的经营者应该换一个思维角度去考虑这个问题，既然其他门店可以将你们店的爆品作为他们的引流产品，你当然也可以将其他门店的爆品转化成你们店的引流产品。

但是，需要注意下表所示的几点内容：

将其他门店的爆品转化为自己店引流产品需注意内容

序号	注意内容
1	你选择的产品不能是低品质的产品
2	你选择的产品要能够和你们店现在经营的品类相匹配
3	你选择的产品一定要有相匹配的裂变传播活动
4	你选择的产品在操作方面一定要简单
5	你选择的产品要能够在低毛利的情况下迅速收割客户

63. 积极提醒客户来店消费

单店经营者经常会发现这样一种现象：经常来自己店面消费的某个老客户，突然不再来店消费，或者说大大降低了消费的频次，而经调查这个客户并没有离开单店所覆盖的商圈。

对于这样的客户，我们可能会有很多猜想，比如他不再需要这方面的产品，他的附近有一个新的选择等。这些理由都勉强成立，其实客户不来店、少来店的主要原因，很可能是他忘记了来店消费。刚开始的高频次消费，是因为他对某种商品的好奇心还很足，慢慢地随着好奇心的降低，而某种商品本身又不再是他的生活必需品时，他就会因为忙于其他事情而选择性地忘记这种商品的存在，从而让他低频次进店，甚至不再进店。

这种现象属于正常现象，但是单店的实际经营者不能放过任何一个消费者的任何一笔消费。因此，你需要提醒你的消费者他需要来店消费，这也是很多门店给客户办理会员储值卡的原因，这样能让办理了会员的客户心心念念于自己还未消费完的储值金额。

对于没有办理会员的客户，采用了社交店商模式的单店经营者需要做的就是让其在可能使用的所有社交软件中能够一次又一次地看到你的门店，看到门店内经营的各类产品。比如门店可以定期给客户群发一条诱惑力十足的活动信息，以此提醒那些忠实客户来店消费。

64. 不断给客户创造新的购买理由，使其做出消费决定

任何一个消费者，都会不断地为自己的下一次消费寻找新的理由。作为店面的经营者，我们需要为客户创造一个又一个的购买理由。

实际操作中不一定是去更新产品，也可以为同一个产品创造一个新的被选择理由。比如，有几个单品销售不理想，经营者可以直接将这些单品组合成一个套餐，给这个套餐取一个合适的名称，这些单品很有可能就随着套餐的出售而产生销量。再比如，一直以套餐的形式集体出现的产品，很有可能在拆成单品后销量大增。

除此之外，还可以结合节假日的特殊属性特点，为客户创造购买理由，以此来让客户产生新的惊喜式购买理由。

65. 有针对性地推介商品，借力销售

店面经营者在进行商品推介时，一定要学会将消费场景融入推介动作，借力销售。

以应用场景为例，店面经营者首先需要弄清楚消费者购买产品是自用还是送礼，送礼具体是送给什么类型的人，这些因素决定了你可以借力的角度。

以人员要素为例，有带着孩子的"宝妈"、情侣、闺密、夫妻、祖孙两代人等不同类型的进店消费者，面对这些消费者，你需要迅速地进行角色场景的判断，然后选择最容易成交的人进行有针对性的推介。

消费场景中可供借力的点有很多，作为店面的经营者，一定要学会迅速地捕捉这些场景助力点，以便最大化地实现门店经营效益。

66. 商品品类、价格、活动规则牢记于心

对于一个初级的门店经营者而言，以下三点信息一定要牢记于心：商品的品类、对应的价格以及相匹配的活动规则。

因为你的客户可能会随机问你一些与产品相关的问题，也可能需要你根据客户的真实需求有针对性地进行相关产品的推介，以此来达成最终交易，所以对于一个门店的初级经营者而言，即使不能做到对每一种产品的每一个属性都了如指掌，至少也应该对商品的品类、对应的价格以及相匹配的活动规则了如指掌，否则不建议单店经营者开门营业。

67. 社交时代不要轻视任何一个客户

不要不在乎任何一个客户的感受，请记住，你流失的不只是一个客户，很有可能是客户背后的一个圈层。

现在的消费者都会使用新型的社交软件，他们已经习惯了用社交软件来倾诉自己一天的不满情绪和遇到的不公事件。如果单店的经营者因为冷漠的服务态度而得罪了一个消费者，那这个消费者很有可能会将他的心理感受发布到自己的朋友圈之中，而这个朋友圈所涉及的人群与消费者本身具备一定的信任基础，这就可能导致你丢失一群消费者。

68. 讲一个真实的故事帮助客户做出决策

很多客户有选择困难症，会因为各种原因而纠结自己是否要购买这个产品或者服务，这个时候就需要单店经营者帮助客户做决策了。如果门店的经营者直接跟客户说"你就买这个吧"，可能会太直接，会加剧客户犹豫的心理。但如果这个时候单店的经营者能够以聊天的形式给客户讲一个真实的故事，然后通过这个故事帮助他做出决策，那这笔生意就相对比较容易成交了。

69. 介绍不求专业但求客户听懂

对于绝大多数消费者而言，他们在购买产品或者服务时，往往不需要非常专业地了解这个产品的具体属性、参数，即使门店的经营者为其进行了介绍，其也不一定能够理解这些具体的属性、参数，这样反而会加深其对这个产品的疑虑。

面对上述情况，门店的经营者就需要改变自己的介绍内容，因为客户不需要专业的内容，而是需要能听懂的内容。

70. 场景设立的目的是激发消费者的消费欲望

单店经营者经营单店的目的，就是将单店内经营的产品或者服务销售给有需求的客户，从而获得利润。

总之，秘诀就是以市场为导向，以客户为中心，以需求为节点。

第二节 单店运营：让运营主线直达财富中心

一、单店运营模型总览

（一）单店运营模型流程

单店运营模型流程如下所示：

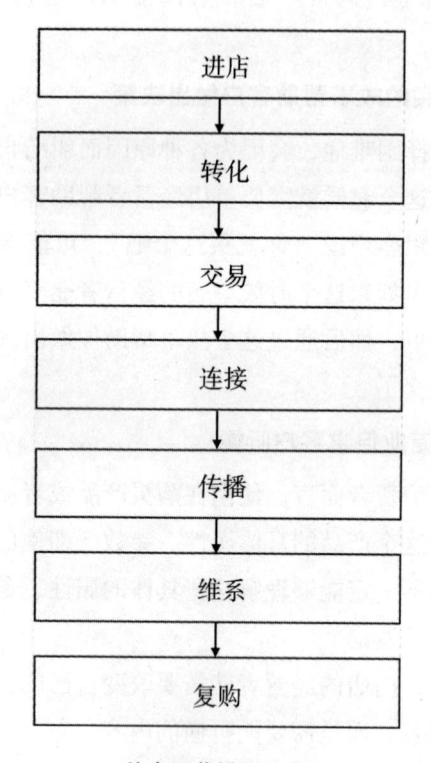

```
进店
 ↓
转化
 ↓
交易
 ↓
连接
 ↓
传播
 ↓
维系
 ↓
复购
```

单店运营模型流程

(二) 单店运营模型说明

单店运营模型说明如下表所示：

单店运营模型说明

序号	项目	详细描述
1	进店	通过线上、线下渠道吸引更多的客户进店
2	转化	努力提升进店客户的实际购买率以及购买者的客单价
3	交易	用客户最方便的支付方式进行费用的收取
4	连接	让对方添加店面经营者的运营号，比如微信客户端
5	传播	通过设计一些活动让对方及时按照经营者的传播思路进行文字、图片、联系方式等内容的传播，从而影响对方身边的潜在消费者
6	维系	店面经营者通过运营号的运营来实现不断拉近客户与自己之间关系的目的
7	复购	通过活动的设计以及潜移默化的信息引导，让已经产生购买行为的客户再次进店，进行二次及更多次数的消费

二、进店

(一) 线下引流

1. 发传单

对于门店来讲，发放宣传单其实是一种很传统的宣传手段，这种传统的宣传手段能够延续至今，说明其在特定的时间节点必然是有一定的宣传效果的。

如果想利用好这种传统的宣传手段，那么你可以从如下几个方面着手：

(1) 宣传单设计角度（见下表）

宣传单设计角度

序号	宣传单设计角度
1	一张宣传单一定要有一个明确的主题，比如现金抵用券主题、特色产品介绍主题等
2	不能只有主推的产品，还应该有一些其他品类的产品，但是这些产品不要放在醒目的位置
3	要留下最方便的联系方式，比如店面地址、联系电话、微信二维码
4	因地制宜地进行宣传单规格的设定，可以选择A4纸1/4大小的现金抵用券、A4纸横版1/2大小的宣传单、A4纸横版1/2大小的临时停车牌等
5	应尽可能选择有质感的纸张，比如220g的铜版纸

(2) 宣传单发放的位置（见下表）

宣传单发放的位置

序号	宣传单发放的位置
1	门店前
2	附近商业中心的出入口处
3	附近小区的出入口处
4	附近地下停车场内的车门把手处
5	附近小区住户的门把手处

(3) 宣传单发放技巧（见下表）

宣传单发放技巧

序号	宣传单发放技巧
1	要想少走路，快找人流处
2	锁定目标人，递给女顾客
3	情侣要跟进，宝妈别放过
4	时尚女青年，闺蜜最精准
5	先报自家门，再递宣传单
6	临行莫忘记，提醒加微信
7	勤走多递单，优秀业绩单

2. 打通商业邻居

在单店的具体店址确定之后，经营者就可以着手去拜访、认识周围的商业邻居了，因为他们有你需要的具体商业环境信息、潜在客户信息、潜在渠道信息等，他们还有可能是你的潜在客户。因此，你需要在店面未开业之前就建立与他们的联系。

具体的实施方式可以参考以下内容。

门店的经营者可以事先制作一些有品牌属性的小礼物，然后拿着这些小礼物挨个登门拜访商业邻居。参考话术："您好，我在××商铺开了个××产品的小店，以后咱们就是邻居了！这个是送您的见面小礼物。方便的话咱们加个微信吧！"

建立连接之后，不要着急做出任何获取性动作，而是要仔细地了解对方，然后再寻找合适的时机和对方建立信任，以便为真实的需求满足打下基础。

3. 接手上家的客户

门店经营者在选址过程中经常会遇到转让费的问题，当转让费的洽谈陷入僵局时，可以借这个机会将上家在经营过程中积累的会员信息拿到手，尤其是当对方给自己的客户建有微信群时，门店经营者应直接拿到这个微信群的管理权限，这样就可以一次性地收割一大批附近的潜在客户了。

4. 寻找公示栏

店面经营者可以仔细查看店铺所在区域，看看是否有免费的信息公示栏，可以在信息公示栏张贴店面的招聘信息，在招聘信息中植入店面的经营项目内容。

5. 异业联盟

店面经营者在经营期间，一定会发现本商圈内很多的业态和自己的产品有同一消费群体。店面经营者需要做的就是与这些店面共享客户、分享利益。对此，可以从下表所示的几个角度进行思考。

异业联盟思考点

序号	思考点
1	双方都设计一个用于宣传的小易拉宝支架,彼此互换放置
2	双方都设计现金抵用券,交互发放
3	双方都为自己的客户建立微信群,然后分别将对方的客户拉进群
4	双方都制作各自的小礼物,交互发放
5	向周围的邻居商家、上家经营者了解你所在的商业中心是否有类似"商家互助联盟"的微信群,如果有,请他们拉你进去

6. 利用快递员的资源

作为门店经营者,不要轻易放过任何一个资源口,即使是你平时不太在意的快递人员,他们的手上也可能会有你需要的资源。

具体操作中,你需要找到快递人员,并与他们建立长期的合作关系,然后询问对方是否有收发快递的商家聚集类群,如果有,请对方将你拉进去;如果没有,你可以建议对方创建一个这样的群,因为这样的群非常有助于开展业务,当然,也方便迅速将周围的商家添加进来!

7. 善于发现潜在的广告位

任何能够放置广告的地方,都可以作为门店的备选广告位。之前不是广告位但是具备广告位潜质的地方,也可以作为门店的备选广告位。要善于发现潜在的广告位。

(二)线上引流(以微信为例)

1. 运营号装饰(见下表)

运营号装饰

序号	项目	装饰原则
1	头像	拥有明显的企业标识内容
		门店经营的头像内容应保持一致
2	昵称	全国统一标准
		品牌名称+地区+店名

续表

序号	项目	装饰原则
3	签名	对昵称最好的解释
		传递正能量，禁止负能量语句
		不超过 12 个字
		展示最新的活动信息
4	朋友圈大图	与品牌标识、产品信息、经营内容有关的正能量高清图片
		要凸显主题，展示内容不宜过多
		主体内容不能因为图片的尺寸问题被遮盖
5	微信号	简单、易搜索
		禁止用特殊字符
		禁止字数太多
		禁止字母大小写混用

2. 运营号常用功能

（1）点赞（见下表）

点赞

序号	详细描述
1	对重点客户，要经常通过点赞的方式与其互动
2	一有时间就点赞，不要担心别人会反感，没有人不喜欢被赞美
3	如果客户分享的内容是不幸的、负面的，比如"我感冒了……"，赞错了一定要解释，如"我的赞，给你正能量，希望你早日康复"

（2）评论（见下表）

评论

序号	详细描述
1	能用评论解决的问题就不要去点赞
2	评论时多给对方回复你的机会，多用问句评论
3	一定要评论，有些人很懒，不愿打字，只赞不评，这样很容易让人反感
4	时不时地评论一下，不需要每一条都评论，也不需要每天都评论
5	对于重点客户对象，每周应至少给每个人评论一次
6	不要对专业的内容进行点评
7	评论的内容要有正能量
8	评论时可以用表情来代替你的语言

(3)标签（见下表）

标签

标签总类	标签分类	详细描述
客户级别	A类客户	月来店消费一次的客户
	B类客户	月来店消费两次的客户
	C类客户	月来店消费三次及以上的客户
	D类客户	主动转介绍的客户
客户偏好	A产品	特别偏好A产品的客户
	B产品	特别偏好B产品的客户
	C产品	特别偏好C产品的客户
居住地区	A小区	方便日后送货
	B小区	
	C小区	
消费能力	强	作为导购依据
	一般	
会员	会员	会员单位显示为"会员"
其他		根据企业特点进行针对性设计

(4)群发（见下表）

群发

序号	详细描述
1	一次性群发的人数上限是200人
2	集中某一个时间段群发的总人数是2000人
3	群发被系统限制后，可以2个小时后再群发
4	能私聊时尽可能避免群发
5	可以通过"标签"分类有针对性地群发
6	群发的信息一定是给予式的内容，比如特价活动信息、优惠券信息等
7	编辑的群发信息应尽可能让对方感觉你是在单独发送

(5) 微信群（见下表）

微信群

标签分类	详细描述
他人群	群聊时要先观察群内他人的发言风格再进行发言
	避免刚进群就发送广告信息
	在发言内容中可以软性植入广告信息，比如头像、昵称、表情包等
	对于重点营销的微信群，需要将它们置顶
	对于一些需要营销但是不需要第一时间进行互动的群，可以直接将群信息屏蔽掉，以免影响其他营销动作的开展
	为了方便管理微信群，需要将每一个微信群保存至群聊通讯录
	群聊的原则是能用图片的不用文字，能用文字的不用语音
	微信群成员的前几位，基本上是群核心人员，可以暂缓添加他们为好友，待到群其他成员添加好友完毕再添加其为好友，要与他们维护好关系，为日后的合作打下基础
自建群	不要轻易给自己的客户建群
	可以以拓展新客户为目的建群，不建议以维系客户为目的建群。比如，店面附近有一所学校，学生每一次来都只是在周六日，其实他们周一至周五也有购物的需要，但是一两份订单对于单店而言送货成本较高，这个时候就可以让学生自发建立一个产品拼团群，然后给核心发起人一些特殊优惠，让他们去鼓励群内成员拉人进群

(6) 扫一扫（见下表）

扫一扫

序号	详细描述
1	将店内运营号的二维码打印出来
2	打印出来的二维码，一定要尽可能精致
3	邀请来店的每一位客户添加微信

(7) 星标朋友+信息备注（见下表）

星标朋友+信息备注

序号	详细描述
1	对重点客户进行星标，比如会员客户、大客户等
2	对客户的手机号、真实姓名、收货地址进行信息备注

(8) 发朋友圈 + 地理位置（见下表）

发朋友圈 + 地理位置

详细描述
通过同步展现店面的详细地址，来进一步增强自己所宣传信息的可信度

(9) @ 好友（见下表）

@ 好友

详细描述
当你发布特定的朋友圈内容时，可以@相关人员观看，因为每次只能@10个人，所以你要选择重点客户对象。比如你发布了一篇有关新品推介的朋友圈内容，而你的微信好友中有几个客户正好对这个产品感兴趣，你就可以通过@的方式提醒对方，以此来实现商品信息的精准传递

(10) 收藏 + 标签（见下表）

收藏 + 标签

详细描述
微信可以作为一个移动的办公工具，利用微信的收藏功能，你可以将产品图片、活动介绍、常用话术、产品介绍、宣传影像等信息收藏起来，在与客户进行沟通时，你可以第一时间将自己的宣传信息传递出去。 在收藏相关资料时，切记要为每一个收藏内容添加相应的标签，否则，即使你收藏了相关的资料，想找到这些资料也不是一件简单的事情

(11) 表情（见下表）

表情

详细描述
很多微信群，尤其是一些高质量的微信群，群管理人员不允许群成员随意发布硬性广告，但此种类型的群很少限制使用特定表情包。品牌方可以设计独有的吉祥物，并将吉祥物做成聊天表情包，以便在群聊沟通中使用，从而软性地植入品牌宣传信息

3. 运营号养号计划

（1）基础信息准备（见下表）

基础信息准备

序号	详细内容
1	可以去移动、电信、联通营业厅各办理 1 个最低消费额度的手机号
2	将手机号绑定在一个特定的银行卡上，以便自动续费，避免号码太多而忘记充值
3	手机号码的尾号可以选择后四位一样的
4	可以购买二手手机作为运营设备。建议购买配置略高一些的手机，且有双卡双待功能，以此来避免手机日后因为内容量大而反应迟钝
5	一个人的身份证信息最多只能开通 5 个微信号，如果哪一个微信号不打算使用，可以尽快将哪个微信号注销掉

（2）新号装饰（见下表）

新号装饰

序号	详细内容
1	主运营号的装饰遵循前述要求
2	如果单店的地理位置非常好，人流量很大，集中一个时间段添加微信好友的数量会超过 50 人，建议同时开通两个主运营号
3	另外的微信号作为备用微信号，备用微信号前期不要发布任何带有广告性质的朋友圈内容，以真实的个人角色对其进行装饰、运营，一定要坚持每天发布两条以上的朋友圈内容

（3）基础配置（见下表）

基础配置

序号	详细内容	目的
1	绑定银行卡	开通收付款功能
2	设定支付密码（密码只能投资者知道）	保证账号安全
3	加人前先购买 200～300 元腾讯理财基金	防止被封号
4	添加 3～5 个老微信号作为好友	被封号后可以通过这些号解封
5	在微信昵称上添加联系电话	客户可以在紧急情况下联系到商家

(4) 日常发圈原则（见下表）

日常发圈原则

序号	日常发圈原则
1	不要让运营号的朋友圈里全是广告信息
2	让朋友圈拥有个人感情温度，比如店主可以发布对于某些事件的感想
3	每日发布1~2条互动类的朋友圈内容
4	朋友圈配图以2、4、9张为佳
5	不要使用长句子描述事情，整体的文字篇幅不要太长
6	每天发布朋友圈信息的数量宜为12条左右
7	把握好每条朋友圈的发布节奏（30分钟一条），可以根据好友看朋友圈的习惯调整频率和节奏
8	每日晒单、晒好评
9	互动结果要发朋友圈
10	参与惊喜奖可直接兑现
11	善用疑问句，让粉丝有和自己互动的机会

(5) 日常发圈内容（见下表）

日常发圈内容

序号	发圈内容	示例说明
1	开门	单店开门营业的第一时间发布一条朋友圈，这条朋友圈信息能够让客户知道你开店的时间，同时还能够提醒他们来店消费
2	今日活动	每天创造一个小惊喜类的活动，让你的客户养成每天查看你朋友圈的习惯
3	晒单	可以将客户购买产品的痕迹晒到朋友圈，让你的朋友圈客户感知到这个产品的货真价实
4	晒好评	让客户真实发声，以影响运营号中的其他客户购买同类产品
5	知识普及	坚持每天进行产品或者服务专业类知识的信息普及，以让客户更专业地选择本店产品
6	晒产品	将本店的特色产品在朋友圈展示出来
7	日常生活秀	要让你的朋友圈充满个人色彩，因此，在朋友圈中一定要有个人的日常生活秀
8	闭店	发布一条闭店信息，让店面经营者能够拥有一个安静的休息时间，也让客户养成在闭店之前购买产品的习惯

三、转化

(一) 转化思维（见下表）

转化思维

序号	思维	详细描述
1	从不买到购买	让每一位进店的顾客都能够产生实际的购买行为
2	由小单变大单	让原打算购买一件产品的消费者购买多件产品

(二) 导购思维核心要点（见下表）

导购思维核心要点

序号	核心要点
1	开场白要简短且具备综合性
2	介绍产品时切忌直接报价
3	直接用话术来判断客户是否为首次进店
4	根据自己对客户需求的判断进行商品推介
5	不要忽视基于社群的裂变活动
6	完成第一步销售后进行联单类活动介绍
7	AB 选项迅速判别客户需求

四、交易

在交易环节，一定要记住下表所示的几点信息：

交易环节注意事项

序号	注意事项
1	尽可能地给顾客提供方便的支付方式，比如支付宝、微信、现金都需要支持
2	刷卡支付时需要选择手续费低且渠道正规的 POS 机
3	可以将微信收款码、支付宝收款码打印在一个收款界面上
4	尽可能使用支付宝商家版收款，以便尽可能地降低提现手续费
5	要准备好充足的零钱，还要防止假钱的出现。除此之外，还要提醒客户当面点清找零的钱数

续表

序号	注意事项
6	不要让支付方式影响客户添加经营者微信的通道
7	询问对方是否需要机打小票
8	对于使用会员卡消费的客户，要给客户说明充值金额、消费余额，如果系统没有短信通知功能，就用微信给其发一条消费余额的信息
9	顾客下单后，要先收全款或定金，避免送货上门后顾客不要产品导致产品不能再次售卖
10	尽快给顾客派单，不要让顾客等待太久

五、连接

到目前为止，主流的社交工具依旧是微信，因此，门店经营者在实际经营时，一定要让每一个进店的顾客都添加门店经营者正在使用的微信号，以便日后进行客户维系。

六、传播

门店经营者一定要树立这样一个认知，每一个进店的客户都有成为你产品宣传渠道的可能。所以，店面经营者一定要把握好每一个让客户进行信息传递的机会，并创造出更多能让他们进行信息分享的机会。对门店经营者来说，可注意的传播点如下表所示：

可注意的传播点

序号	传播点
1	新顾客进店，坚持推行新人裂变活动
2	每一次的活动设计都不能缺失分享环节
3	在获得许可的情况下，尽可能多地给进店的有代表性的客人拍照并现场打印出来，一方面可以用来装饰单店的照片墙，另一方面可以赠送给来店顾客，加深他们对本门店的印象
4	在每一张餐桌上面摆放留言本，让进店消费的顾客留言，之后的客人可以翻看历史留言，并有机会做出评论等，以此来加深他们对于本门店的印象
5	设计有明显标识的自拍牌，给客户提供一些具备广告性质的拍照道具
6	门店可以在店内或者店外设计一些有明显标识的雕塑
7	其他方面

七、维系

对于门店的经营者而言，客户维系是一个永不落幕的话题，只不过，新的时代会产生新的维系方式。

对于采用社交店商模式的单店而言，想要客户维系工作能够高效地进行，具体的客户维系思路如下表所示：

客户维系思路

序号	类型	维系思路
1	常规型	要针对不同类型的客户制定不同的维系频次，比如微信上面的星标客户，你至少要保证每周跟对方互动一次；其他类型的客户，你至少要在一个月之内主动跟对方互动一次；每天在朋友圈出现的客户，你至少要点赞一次
2	私聊型	对重点客户的维系，切忌采用直接用微信发信息的方式，而应该先打开对方的朋友圈，关注他最近的动态，然后在他最新发布的朋友圈内容中进行疑问式的评论，最后再通过评论的回复内容切入聊天框与对方进行交流，以此来达到高质量维系客户的效果
3	群发型	频繁发布微信朋友圈内容，难免会有一些老客户选择屏蔽你，但是他们依旧有购买的需求，对于这样的客户群体，店面经营者需要通过大力度的促销活动配合微信群发进行激活式维系
4	会面型	线上的维系要与线下的维系实现话题的互通，以此加快客户与店面经营者建立信任的速度
5	礼物型	可以设计一些具备长期留存价值和品牌识别性的小礼物，以此在潜移默化中提升客户对品牌的记忆强度，从而达到维系客户的目的
6	活动型	有计划、有节奏地举办各种类型的店面活动，让线上的客户来到线下，让微信中的沟通转化成面对面的交流，以此来实现维系客户的目的
7	赠品型	对于一些重点客户群体，店面经营者可以将客户需要的但是对于门店来讲已经成为滞销品的商品转赠给他们，以此来实现维系客户的目的

八、复购

(一) 复购的原则

门店在实际经营过程中，如果无法让客户复购，那么单店的经营实际上就变成了"一锤子买卖"，此种做法不能支撑单店的持续经营。

在客户的复购方面，门店经营者不能完全仰仗客户的自然性复购，而应该有意识地引导客户进行复购，任何一个客户的复购都需要"被提醒"。因此，门店经营者一定要做好"提醒"客户复购的工作，这种"提醒"一定要潜移默化、顺其自然地完成，而非赤裸裸地去提醒客户购买产品。

(二) 引导复购实施策略

1. 首次消费体验极具影响力

门店在实际经营中，最重要的是要能够给客户留下一个非常好的第一印象，这个第一印象可以是产品好、服务好、环境好等。如果门店经营者不能在第一印象中让客户给你打一个高分，那么客户来店复购的可能性会很低。

2. 让你的客户能够看到你

目前店面用来维系客户的社交软件主要是微信，如果在"客户维系"阶段做得不错，那么客户就会通过你的点赞、评论进而关注你的头像、昵称，继而联想到你的店面甚至自己消费你家商品时的享受状态，最终形成自然复购。

3. 有"新"就有理由

这里的"新"可以是新的产品、新的套餐、新的价格、新的活动、新到的货品等，当这些"新"出现时，你就有充分的理由去提醒你的客户"复购"这些产品了。

4. 设计活动刺激复购

门店经营者可以通过打折、赠送礼物等活动来刺激客户复购，但是这些活动一定要简单、易操作且具备新鲜感。

5. 让意外的小惊喜产生更持久的影响力

客户来店消费完毕，门店的经营者此时如果能够给客户一个小小的惊喜，那么客户对你的印象就会很深刻，会对你的店面增加好感。如果能够选择一款让客户收到后感到惊喜且能够长期存放的礼物送给客户，我们就可以让这个意外的小惊喜长期影响这位客户。送惊喜的参考话术如"送您一个小礼物做纪念，欢迎常来哦"。

送惊喜小礼物要遵循下表所示的几个原则：

送惊喜小礼物时应遵循的原则

序号	原则
1	具备品牌相关属性
2	具备能与门店联系的信息
3	要有非常强的实用性
4	物品的单价不能太高

6. 捎带商品也是不错的选择

现有的门店都具备短途配送的能力，我们可以在配送商品的同时询问下所去小区的其他客户是否有捎带需求。当然，采用此种方式的前提是你对你的客户做了"地理位置"标签的备注。

比如，A 小区的王先生预定了一个产品，需要在下午 5 点送到，你就可以采用群发消息的方式提醒这个小区的其他客户，参考的话术内容是："我下午 5 点会去您的小区送一个产品，您有什么需要捎过去的吗？"

第三节　营销活动：社交型活动助推单店盈利腾飞

一、社交型活动裂变思维

社交型活动裂变思维如下表所示：

社交型活动裂变思维

序号	裂变思维	详细描述
1	转介裂变	分享后得福利
2	邀请裂变	邀请者和被邀请者享有同等优惠福利
3	团购裂变	邀请者与被分享者组团享福利
4	分销裂变	发展下线赚取佣金，其本质是直销的二级复利
5	众筹裂变	邀请好友帮助得福利，主要是利用好友间的认同感
6	红包裂变	分享得红包
7	抽奖裂变	邀请好友组队参与抽奖，常用团购形式
8	打卡裂变	把分享设置为签到的方式，坚持一定时间即得福利
9	社交裂变	满足炫耀、同情等社交需求而进行的分享

二、社交型活动设计原则

社交型活动设计原则如下表所示：

社交型活动设计原则

序号	设计原则	详细描述
1	小活动签到、大活动引爆	每天都要在朋友圈发布一场小活动，以此避免微信好友屏蔽你的朋友圈
2	活动要设计出紧迫感	活动要有时间或者数量上的限制，要让对方有紧迫感，让火爆的场景吸引更多人关注、参与
3	小门槛、易达成、超满足	小活动的门槛一定要低，要让客户在不费力的情况下就可以达成目标，得到的结果应能够让客户很满足

续表

序号	设计原则	详细描述
4	"钓鱼式"传播活动的亮点	尽可能避免活动内容的全部呈现,将最吸引人的内容展现出来,待到潜在客户感兴趣,向你咨询时你再将详细的活动内容呈现出来
5	营销活动呈现关键节点	尽可能完整地呈现整个销售链条,以及其间的关键商业节点
6	活动描述彰显个人特色	朋友圈内展现的活动规则,应尽可能地呈现个人的风采,尽量使用非官方的话语
7	朋友圈先发、然后群发引爆	设计一场抢购爆品的活动,使更多的人关注你的朋友圈,给自己一个群发的理由
8	平常要互动,关键时要裂变	设计朋友圈活动时,首先思考的角度是能够让朋友圈的老客户与你有互动的机会,其次是考虑如何借助这些老客户裂变出更多的新客户
9	促销要有饥饿感	做活动宣传促销产品时,不要让你的客户一次性满足,这样他会养成在你做活动时才购买的习惯,这样会直接影响短时间内的复购比例

三、社交型客户裂变驱动力详解

对于社交店商运营模式下的单店而言,我们需要借助客户背后的资源去裂变出更多符合单店消费属性特点的客户群体,但是即使客户本身具备潜在客户资源,如果你不能够巧妙地引导对方,这些客户资源也会被浪费掉,因此,我们需要通过设计一些活动来挖掘其背后的潜在客户,并给对方一个帮你宣传的合理理由,只有这样,才能够真正将客户的价值发挥到最大。

对于客户的驱动力,我们可以从利益力、荣耀力、品质力、好奇力、影响力、信任力六个角度去思考(见下表)。不同的驱动力使用的时间节点大不相同,如果使用的先后顺序发生了变化,则很容易影响最终取得的效果,甚至会出现负面效果。

客户驱动力详解

类型	详解	注意要点
利益力	通过特定的活动给客户一部分利益，或者说在其应得利益基础上给其一些惊喜利益，从而让客户乐意做传播店面活动的营销动作，实现利益力应有的效果	● 适用于新开的店面。 ● 适用于第一次进店的客户。 ● 适用于特殊环境下多次进店的客户。 ● 利益驱动可以是特定的产品打折。 ● 利益驱动可以是结账之后的额外惊喜。 ● 切忌对同一产品频繁使用利益驱动
荣耀力	通过特定的活动给客户一个特殊的称号或者使其获得与众不同的物品、享受与众不同的政策等，从而让客户乐意做出传播店面活动的营销动作，实现荣耀力应有的效果	● 适合新店，比如众筹型。 ● 适合老客户。 ● 适合具备贡献能力的客户。 ● 不能有太多的名额。 ● 可以依据客户的属性特点设计出多样化的荣耀称号。 ● 荣耀的背后一定要有切实的利益
品质力	此处更大意义上指的是单店经营的产品、服务的质量。没有与价格相匹配的高质量产品、服务，很难进行客户维系	● 品质是所有经营活动开展的基础。 ● 要有配套的凸显活动、展现形式。 ● 要拥有能够佐证品质的依据
好奇力	通过精心设计的产品、活动来激发客户的好奇心，存在此种心理的客户，比较容易自主传播店面活动，从而实现好奇力应有的效果	● 适用于店面经营的任何阶段。 ● 让看到的客户、听到的潜在客户都对产品本身、品类本身、活动本身产生极大的兴趣才可实行。 ● 小惊喜也好于没有惊喜
影响力	此种力量会产生一种被动状态，即让人们处于一种"人云亦云"的状态	● 适合店面在经营一段时间之后自然形成营销拉力。 ● 影响力的实施基本上是建立在利益力、品质力等良性基础之上的。 ● 只有在一定客户基数的范围内才会产生较强的营销拉力

续表

类型	详解	注意要点
信任力	此种力量可以从以下几个角度去思考，比如品牌信任力、品类信任力、经营者信任力、产品信任力。只有在不同的阶段借助不同的发力点，才能够使信任力发挥出其应有的作用	● 品牌信任力可以作为前驱的动力。 ● 品类信任力可以作为基础的信任驱动。 ● 经营者信任力是持续具备威力的重要条件之一。 ● 产品信任力也是持续具备威力的重要条件之一。 ● 基于经营者的信任力可以很好地引导客户尝试新品

四、社交型客户裂变路径

门店的客户可以帮助我们进行客户裂变，因为他背后拥有一个和他属性相近的圈子，这个圈子里的群体就是我们的目标客户，因此，我们需要通过设计不同的活动，驱使客户背后的目标客户"浮出水面"，成为我们的新客户。

在进行这些目标客户的驱动之前，我们需要充分地了解自己的客户，想清楚他会通过什么方式帮我们分发裂变。一般情况下，走进店面的客户会通过转发朋友圈、推送好友、帮你建群、口碑传播、带客进店等方式进行分发裂变，如下图所示。

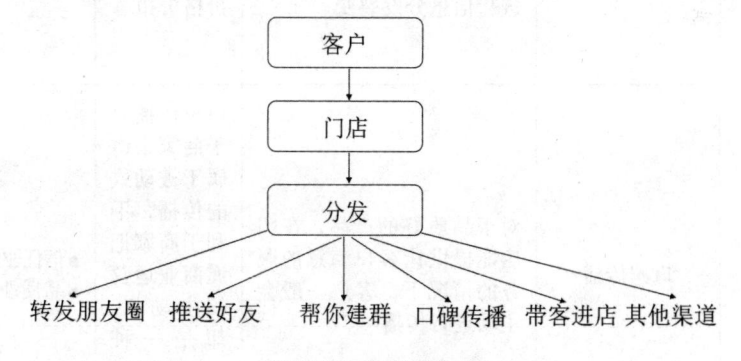

```
              客户
               ↓
              门店
               ↓
              分发
    ↓    ↓    ↓    ↓    ↓    ↓
转发朋友圈 推送好友 帮你建群 口碑传播 带客进店 其他渠道
```

社交型客户裂变方式

但是，这些社交型客户裂变方式并不适合所有的客户，具体见下表：

社交型客户裂变方式详解

序号	裂变方式	适用情况	激发点列举	驱动力
1	转发朋友圈	适合绝大多数的客户及阶段	某一特定单品，转发朋友圈或者集赞达到一定数量即可享受相应折扣	●利益驱动
2	推送好友	适合在客户与你已经建立了信任连接的基础上实行	设定一个呼朋唤友一起来挑战的活动	●利益驱动 ●好奇驱动 ●品质驱动
3	帮你建群	此种方式需要建立在一定的信任基础之上，比如开店前期，你的朋友、家人、邻居、同学、同事等可以通过这种方式帮你进行信息分发裂变，后期在实际的运营过程中，一些老客户在特定驱动力驱动下可以帮助你进行信息分发裂变	设定一个特定的社区小团购活动，当团购人数达到特定的数量后，参团人群均可享受相应的价格折扣	●利益驱动 ●信任驱动 ●品质驱动 ●荣耀驱动
4	口碑传播	对于品质好的产品，在门店能提供让客户满意的服务的情况下，客户一般会主动进行传播	口碑传播对于商家来讲属于被动式的传播，不利于商家把握商业运营的主动权，却是一种"润物细无声"的传播途径	●信任驱动 ●品质驱动

续表

序号	裂变方式	适用情况	激发点列举	驱动力
5	带客进店	对于已经建立了社交信息连接的客户群体，通过特定的驱动力可以完成分发裂变	设定一个具备集体属性的活动，比如情侣套餐、闺蜜套餐、家庭套餐等	●利益驱动 ●信任驱动 ●品质驱动

五、社交型营销活动设计

生命在于运动，单店的生命力也在于不断"折腾"。这个"折腾"指的是单店要不断推陈出新，举办各种类型的活动，以便让单店的客户群体能够不断地与单店互动，让他们心心念念于单店的各种活动。

在这些活动中，单店的经营者一定要做好清晰的规划，比如确定好各种活动的频次、目的、形式等。

（一）活动频次

对于活动的频次，可从下表所示的几个角度进行思考：

社交型营销活动频次说明

序号	活动	解释说明
1	日活动	单店每天都可以组织活动，活动的力度不需要特别大，数量不需要太多，目的就是让你的客户每天都能够参与其中，让他们每天都有获得惊喜的感觉，不会轻易屏蔽你的朋友圈
2	周活动	单店每周都可以选择在一个相对固定的时间做周活动，这个活动的力度相对于日活动而言可以适当加大、数量可以适当增加，目的就是刺激客户消费
3	月活动	单店每月可以选择在一个相对固定的时间做月活动，这个活动的力度相对于周活动而言可以加大一些、数量可以多一些，目的也是刺激客户消费
4	季活动	单店可以选择在季节更替的特殊时间节点，结合单店的产品或者服务设计活动，这个活动的力度相对于月活动而言可以再大一些、数量可以再多一些，目的是刺激客户消费，同时促使客户再次裂变

续表

序号	活动	解释说明
5	节假日活动	在不同的节假日，结合节假日的独特属性推出相应的活动，可以实现节假日流量带销的效果
6	年活动	单店每年都可以做一次活动，这个活动的力度可以大一些，目的就是回馈老客户，裂变新客户，维护沉底客户，推出新的产品或服务
7	新客活动	设计一个让新客进店就不会拒绝的活动，以此来提升新客进店的转化率，提升新客的裂变价值
8	老客活动	设计一个让老客户感觉备受尊重且有荣耀感的活动，以便让老客户更加忠诚于本店
9	会员活动	设计一些只有会员才能够享受的活动，让会员感受到尊重，让不是会员的消费者抓紧机会成为会员

（二）活动目的

对于活动的目的而言，单店的经营者可以从下表所示的几个角度进行思考：

社交型活动目的说明

序号	活动目的	解释说明
1	转化新客	可以让新客户在付出低成本的同时，获得高价值的回报，如此设计的活动，可以使绝大多数走进门店的客户愿意尝试购买、愿意体验，进而为日后的持续跟进打下基础
2	维系客户	设计一些让客户总是能够想起你的活动，以此来让每一个走进门店的客户都不会轻易地离开门店。可以从赠送客户能够长期保存的小礼物的角度思考
3	激活老客	这个活动的设计，一是要保证老客户能够收到你发给他的消息，二是要能够迅速地勾起客户对过往购买经历的美好回忆
4	裂变客户	让客户心甘情愿地发布朋友圈，来影响更多的朋友、同事、家人、邻居、同学等来店消费
5	新品推出	给新、老客户创造一个体验新品的机会，低价销售、赠送礼物等形式都可以尝试，总而言之，这个活动一定要保证客户能够产生获得实惠的感觉

（三）消费者属性

对于社交店商模式下的单店而言，活动形式可以有很多种，但无论是哪一种活动形式，都一定要符合产品的属性特点，符合消费者所在商圈的消费情况，还需要充分符合这个时代消费者的属性特点。

对于这个时代消费者的属性特点，你可以从下表所示的几个角度思考：

社交型活动消费者属性特点方面的思考角度

序号	思考角度
1	一定要结合主流社交软件的功能特点设计活动
2	要让消费者有新鲜感
3	要有明显的针对性
4	要让客户能够轻易地发现拍照传播的亮点
5	要让客户在参与过程中感受到幸运、尊重
6	给客户传递的内容切忌有甩货、倾销之嫌
7	活动内容涉及的产品或者服务一定不要无限量供应
8	其他方面

（四）七种典型社交型活动

对于具体活动的设计角度，可以参照下表所示的一些内容：

社交型活动设计角度

序号	设计角度	解释说明
1	发圈立减	可以引导首次进店的客户尝试店内的特色产品，为了让这个客户快速做出购买决定，可以给他介绍"发圈立减"类的活动。比如，转发指定的朋友圈内容可以享受产品××折的优惠
2	集赞减免	可以让客户转发指定的朋友圈内容，然后让对方在朋友圈内集赞，待对方完成规定的集赞要求之后，就可以直接享受"集赞减免"类的活动优惠。比如，客户发布店内指定的朋友圈内容后，集赞58个就可以9.9元获得××产品；再如客户发布店内指定的朋友圈内容后，每收集一个"赞"，就可以减免1元；再比如客户发布店内指定的朋友圈内容后，在获得了××数量的点赞之后，可以免费获得××产品
3	点赞中奖	店面经营者可以在朋友圈内发布一条活动信息，然后告诉消费者，只要他点赞的排名是指定的数字，就可以获得相应折扣的产品。比如，消费者的点赞排名的个位数是6，就可以享受"点赞中奖"类活动优惠

续表

序号	设计角度	解释说明
4	打卡签到	在一段时间内坚持每天评论店家指定内容的朋友圈，就可以享受一定的优惠。比如，单店的经营者发布一条朋友圈内容，微信中的客户群体可以去点赞，连续点赞三天者就可以享受××折优惠
5	连载活动	店面经营者可以将某产品的介绍资料编制成小故事，将小故事分成一定数量的章节，要求消费者每天发一段章节里面的内容，接连发布一段时间之后，消费者就可以享受该产品的优惠。比如，单店新推出一个产品，这个产品的介绍内容被编辑成了3段超短的小故事，消费者只需要每天转载一段内容到自己的朋友圈，连续转载3天就可以享受这个产品的优惠
6	猜谜活动	店面经营者可以每天发布一条猜谜游戏，凡是猜对者均可以享受优惠。比如一天之中一共有10个消费者猜对了谜语，则这10个消费者均可以享受××折的优惠
7	猜拳活动	微信的对话框中有猜拳游戏，店家可以与消费者进行猜拳互动，消费者赢了可以享受高额度的优惠，消费者输了可以享受低额度的优惠。比如，商家推出一个产品的促销活动，消费者赢了商家，可以7折购买，消费者输了，可以8折购买

六、社交型活动运营流程

对于采用社交店商运营模式的终端门店而言，在进行活动运营时，一定要将活动内容"整套"打进市场，否则会让活动的效果大打折扣。为了更好地推进活动内容，可以参照下文所示内容。

（一）活动内容准备

社交型活动内容准备如下表所示：

社交型活动内容准备

序号	内容用途	设计原则	案例说明
1	群发内容	● 内容精简至一两句话。 ● 最特惠的信息放句首。 ● 购买既定事实式表述。 ● 注意开场的称谓	姐！78元的猫山王榴梿比萨现在只需要19.9元，您预订几份呢

续表

序号	内容用途	设计原则	案例说明
2	朋友圈内容	● 相对详细地描述活动规则。 ● 最特惠的信息放句首。 ● 精选能凸显活动价值的图片。 ● 切忌公示详细的游戏规则	【19.9元抢猫山王榴梿比萨】价值78元/份的猫山王榴梿比萨,现在只需要19.9元就可以轻松获得,数量有限,订完为止
3	转发内容	● 站在客户的角度组织内容。 ● 将最有价值的信息放句首。 ● 三句话之内描述完毕。 ● 精选能凸显活动价值的图片。 ● 图片内容要添加二维码	这家老板疯了,19.9元就可以领猫山王榴梿比萨,喜欢吃榴梿比萨的可以加老板微信
4	游戏规则	● 活动规则简单。 ● 约束条件简单易懂。 ● 规避所有潜在风险	依情况而定
5	回复内容	● 针对客户可能会问及的问题提前设计好简单的回复话术。 ● 将回复话术收藏在微信的收藏夹之中,以便及时回复客户	依情况而定

(二) 日、周小活动运营流程

日、周小活动运营流程如下表所示:

日、周小活动运营流程

序号	操作步骤	步骤说明	实施目的
1	信息发布	将活动信息发布在微信朋友圈之中	让查看朋友圈的微信好友能够及时地看到活动信息
2	咨询回复	私聊每一个咨询的客人	留下与每一个客户的交流痕迹
3	完成交易	给对方介绍清楚活动的内容,指导对方按照活动的规则进行操作,最后收取对方购买产品的费用	让客户的需求与交易界面真实地呈现出来

续表

序号	操作步骤	步骤说明	实施目的
4	晒单展示	对消费者购买产品的付款界面进行截图,同时对变化的活动产品余量进行编辑,最后将这些图片和相对应的文字内容发布到朋友圈之中。需要注意的一点是,店面的经营者必须将客户的信息打上马赛克	增加本次活动的曝光率,并让客户产生危机感,从而促进销售
5	售后回访	消费者将产品带走后,店面的经营者需要尽快进行售后回访,以便获取消费者对于产品的真实反馈信息	增加本次活动的曝光率,处理产品可能存在的售后问题,获取客户对产品的真实反馈,并获得来自客户的真实好评
6	好评展示	对于主动给予好评的消费者,店面经营者一定要将他的评价内容截图,同时将他的个人信息打上马赛克,最后将这些图片以及相对应的文字内容发布到朋友圈	增加本次活动的曝光率,发布客户的感受,以证明产品货真价实

(三)月、季度活动运营流程

月、季度活动运营流程如下表所示:

月、季度活动运营流程

序号	操作步骤	步骤说明	实施目的
1	信息发布	将活动信息发布在微信朋友圈之中	让查看朋友圈的微信好友能够及时看到活动信息
2	群发好友	可以在电脑端口登录微信,以便实现手机群发、电脑回复的效果	让每一位微信好友都能够及时收到活动信息,以便让沉底的客户复苏
3	咨询回复	私聊每一位咨询的客人	留下与每一位客户交流的痕迹
4	完成交易	给对方介绍清楚活动的内容,指导对方按照活动的规则进行操作,最后收取对方购买产品的费用	让客户的需求与交易界面真实地呈现出来
5	客户整理	对客户的真实姓名、电话、购买产品内容、领取时间等信息登记造册	活动涉及的客户数量可能会很多,为了避免客户信息丢失,需要及时登记客户信息

续表

序号	操作步骤	步骤说明	实施目的
6	晒单展示	将消费者购买产品的付款界面截图，同时对变化的活动产品余量进行编辑，最后将这些图片和相对应的文字内容发布到朋友圈之中。需要注意的一点是，店面的经营者必须将客户的信息打上马赛克	增加本次活动的曝光率，并让客户产生危机感，从而促进销售
7	售后回访	消费者将产品带走后，店面的经营者需要尽快进行售后回访，以便获取消费者对产品的真实反馈信息	增加本次活动的曝光率，处理产品可能存在的售后问题，获取客户对产品的真实反馈信息，并获得来自客户的真实好评
8	好评展示	对于主动给予好评的消费者，店面经营者一定要将他的评价内容截图，同时将他的个人信息打上马赛克，最后将这些图片以及相对应的文字内容发布到朋友圈	增加本次活动的曝光率，发布客户的感受，以证明产品货真价实

第三篇

总部篇

第六章　模式转型：最前沿商业模式接轨思维

第一节　传统店商类企业转型社交店商模式思路

绝大多数的纯实体门店，或多或少地受到了新时代新事物的冲击，比如互联网、微商、直播带货等。对于这些新事物，传统的实体门店经营者应该思考：为什么这些新鲜的事物充满活力，能够迅速占领市场？为什么它们能够夺去实体门店 60% 以上的商业份额？

一、传统实体门店转型面对的困难

实体门店经营者需要清楚地知道自身存在哪些方面的问题。传统实体门店转型面对的困难如下表所示：

传统实体门店转型面对的困难

序号	困难点
1	各种城市中心商圈、城市副中心商圈、街道商圈、社区商圈等不断出现，顾客的选择无限增多，顾客的分流愈加明显
2	从小的方面来看，实体店经营者在生意不景气时并没有将问题归咎于自身，而是认为同行在搞活动促销，从而影响了自己店面的生意。于是，同行之间开始价格博弈，最终受伤害的是每一个参与其中的实体商家，而绝大多数消费者并未参与其中
3	电商、微商的抄底价格，以及超广覆盖面的冲击，让实体门店不知所措
4	自由逛街人流减少，消费者改变了消费习惯
5	醒目的店面位置费用太高
6	经营模式过于传统，远离消费者的消费场景
7	与客户的互动仅限于客户来店时，从而难以留存客户
8	不懂得借助移动互联网去充分挖掘客户的价值
9	其他方面

二、传统企业转型社交店商模式运营思路

分析实体店突围面临的诸多问题，不难发现共性的一点，那就是实体店经营者不懂得如何改变自己的思维，从而让具有新思维的商家不断"抢占"新时代消费者。为了扭转此种局面，笔者建议实体店经营者参照下文所述内容进行思考，借助新时代工具解决新时代的困扰。

传统企业转型社交店商模式运营思路如下图所示：

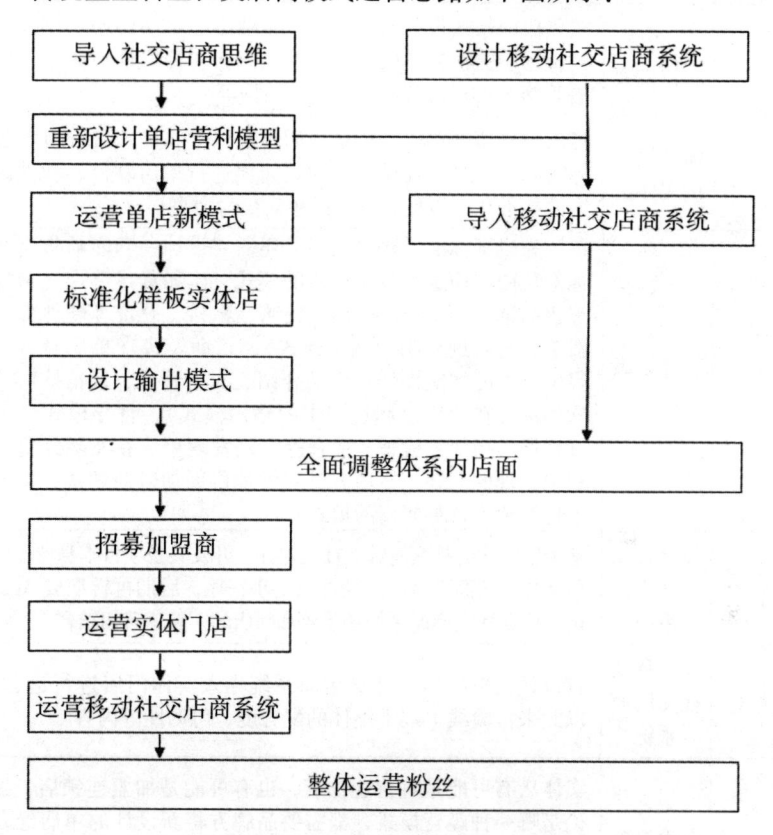

```
导入社交店商思维          设计移动社交店商系统
       ↓                         ↓
重新设计单店营利模型               ↓
       ↓                         ↓
  运营单店新模式          导入移动社交店商系统
       ↓                         ↓
 标准化样板实体店                 ↓
       ↓                         ↓
   设计输出模式                   ↓
       ↓                         ↓
       全面调整体系内店面
              ↓
         招募加盟商
              ↓
         运营实体门店
              ↓
       运营移动社交店商系统
              ↓
          整体运营粉丝
```

传统企业转型社交店商模式运营思路

三、传统企业转型社交店商模式运营步骤

传统企业转型社交店商模式运营步骤如下表所示：

传统企业转型社交店商模式运营步骤详解

序号	步骤	步骤说明
1	导入社交店商思维	习惯了传统经营模式的经营者，需要接触和了解新的社交店商思维，让头脑中充满新时代的营销思维
2	重新设计单店营利模型	为了让社交店商模式能够更好地助力传统实体店面发展，店面经营者需要结合社交店商整体思维模式，重新设计单店的营利模式，比如产品线的重新梳理、服务模式的重新建设、营销策略的重新制定、客户管理系统的重新建设等
3	运营单店新模式	实体店的模式设计出来之后，企业方一定要将这个模式放到市场中去检验，根据检验的结果，有针对性地调整单店的装修风格、运营模式、产品结构等
4	标准化样板实体店	经市场检验的单店，只是证明了整体营利模式符合市场实际需要，但是大规模地应用还需要进行单店软件、硬件内容的标准化，以便让其他的单店生命力更强
5	设计输出模式	单店完成了标准化建设之后，还需要设计一套能够将这些标准化内容输送给各个门店的模式，比如营建模式（指导加盟商选址、装修、办证、招聘、物料、设备等硬件部分在单店复制过程中的输出模式）、培训模式（单店经营过程中所需的技能操作、产品介绍、人员管理、营销推广等软件部分在单店复制过程中的输出模式）、督导模式（通过督促、指导、检查、抽查等方式发现单店在实际经营过程中出现的问题，然后有针对性地协助加盟商解决，以此来持续地支持加盟商的模式）
6	设计移动社交店商系统	基于新时代的社交属性、社交媒介，开发具备项目本身特点的移动社交店商平台，前期可以是小程序，后期再转型成App，这个移动社交店商系统还需要和门店的实际运营相结合
7	导入移动社交店商系统	将设计完毕的移动社交店商系统导入实体门店进行运营，以此来检验线上线下整体的配合度、协调性等内容
8	全面调整体系内店面	实体店有可能是直营连锁店，也有可能是加盟连锁店，无论是哪一种经营模式，都需要品牌方将新设计的单店经营模式，以及与门店相配套的移动社交店商系统，全面调整至实体门店。在整体调整之前，品牌方需要将有助于调整工作顺利进展的培训方式、激励机制、问题处理预案等方面的内容提前做好
9	招募加盟商	以代理商转化过来的加盟商为基础，转型后的加盟总部可以根据自己的项目特点，有针对性地进行其他圈层创业者的招募

续表

序号	步骤	步骤说明
10	运营实体门店	企业方的督导部门负责实体门店的整体运营工作
11	运营移动社交店商系统	移动社交店商系统要与门店的运营相关联，让门店具备独立网店的功能，让门店的所有裂变活动都能够在线上实现
12	整体运营粉丝	未来的企业总部主要花费精力运营的中心是粉丝，因此应围绕粉丝进行产品、模式、渠道等内容的升级

第二节 微商类企业转型社交店商模式思路

一、微商类企业转型社交店商模式面对的困难

以微商模式发展起来的企业，已经从蓝海的竞争状态进入红海的竞争状态，面对这种状态，很多微商发起人已经意识到，微商模式下产品经营面临着各种困难，微商类企业转型面对的困难如下表所示：

微商类企业转型面对的困难

序号	困难点
1	层级太多，价格虚高
2	代理松散，无法掌控
3	交易缺少法律保障
4	获客成本越来越高
5	售后问题无根追踪
6	优质商品无处体验
7	营收项目过于单一
8	客户黏性需要强化
9	人人微商，信任降低
10	各立山头，比比皆是
11	客户开发，零零散散
12	其他方面

二、微商企业转型社交店商模式运营思路

微商类企业转型社交店商模式运营思路如下图所示：

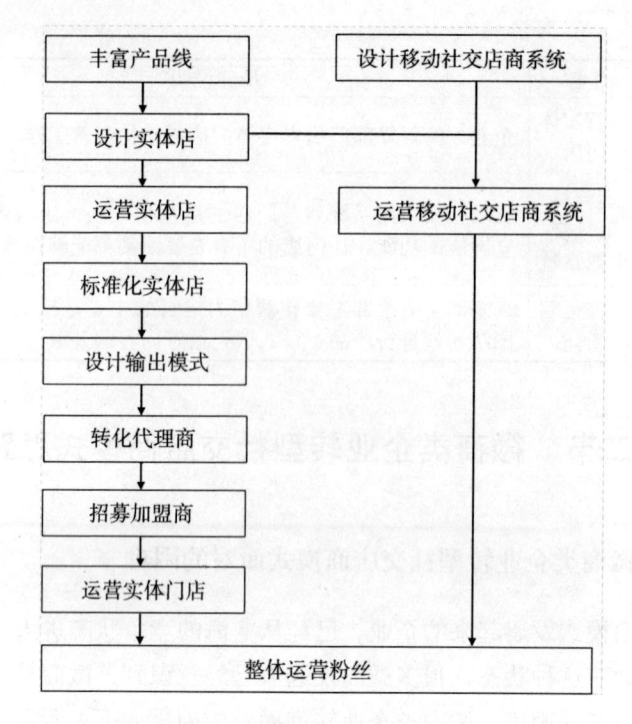

```
丰富产品线          设计移动社交店商系统
    ↓                    ↓
设计实体店               ↓
    ↓                    ↓
运营实体店          运营移动社交店商系统
    ↓                    ↓
标准化实体店             ↓
    ↓                    ↓
设计输出模式             ↓
    ↓                    ↓
转化代理商               ↓
    ↓                    ↓
招募加盟商               ↓
    ↓                    ↓
运营实体门店             ↓
            ↓
        整体运营粉丝
```

微商类企业转型社交店商模式运营思路

三、微商类企业转型社交店商模式运营步骤

为了能够更好地将微商的运作思路延续下去，让好的产品、项目能够服务于客户群体，微商类企业的下一个发展方向应该是社交店商模式。如何转型，打造属于微商类企业自己的社交店商模式，可参考的步骤如下表所示：

微商类企业转型社交店商模式运营步骤详解

序号	步骤	步骤说明
1	丰富产品线	很多微商类企业的产品相对较少，只有屈指可数的几款产品。产品数量少，不适合实体店经营模式，这个时候微商类企业应丰富产品线。丰富产品线的思路可以参照本书的产品线设计思路
2	设计实体店	基于产品、服务内容、店面的经营模式，微商类企业可以有针对性地设计实体店的整体形象。对于微商类企业的实体店面转型，笔者建议店面的整体投资额度不宜过高，以满足微商体系内现有代理商的转化需要。另外，还需要设计一套可以让多个代理商共同开设实体店的模式

续表

序号	步骤	步骤说明
3	运营实体店	实体店的模式设计出来之后，企业方一定要将这个模式放到市场中去检验，根据检验的结果有针对性地调整单店的装修风格、运营模式、产品结构等
4	标准化实体店	经市场检验的单店，只是证明了整体营利模式符合市场的需要，但是大规模应用还需要进行单店软件、硬件内容的标准化，以便让其他单店生命力更强
5	设计输出模式	单店完成标准化建设之后，还需要设计一套能够将这些标准化内容输送给各个门店的模式，比如营建模式（指导加盟商选址、装修、办证、招聘、物料、设备等硬件部分在单店复制过程中的输出模式）、培训模式（单店经营过程中所需的技能操作、产品介绍、人员管理、营销推广等软件部分在单店复制过程中的输出模式）、督导模式（通过督促、指导、检查、抽查等方式发现单店在实际经营过程中出现的问题，然后有针对性地协助加盟商解决，以此来持续地支持加盟商的模式）
6	转化代理商	微商类企业总部在发展过程中会招募许多代理商，其中处于金字塔尖的代理商已经通过微商模式取得了一定的经济收益，其对产品、品牌总部、运营模式等都很熟悉，也有一定的信任度基础。这个时候微商类企业总部需要设计一套激励方式，让这些代理商优先成为实体店经营商，以此来为下一步的大规模招商打下基础
7	招募加盟商	以代理商转化过来的加盟商为基础，转型后的微商类企业总部可以根据自己的项目特点，有针对性地进行其他圈层创业者的招募
8	运营实体门店	企业方的督导部门负责实体门店的整体运营工作
9	设计移动社交店商系统	基于新时代的社交属性、社交媒介，开发具备项目本身特点的移动社交店商平台，前期可以是小程序，后期再转型成App，这个移动社交店商系统还需要和门店的实际运营相结合
10	运营移动社交店商系统	移动社交店商系统要与门店的运营相关联，让门店具备独立网店的功能，让门店的所有裂变活动都能够在线上实现
11	整体运营粉丝	未来的企业总部主要花费精力运营的中心是粉丝，因此应绕着粉丝进行产品、模式、渠道等方面内容进行升级

第三节 电商类企业转型社交店商模式思路

一、电商类企业转型社交店商模式面对的困难

电商经济是寡头经济，不同的行业、不同的区域、不同的产品都在抢夺针对线上客户的优先展示面，这个优先展示面决定了网店的流量，决定了网店是否具备生存力。在这个时代，随着自媒体的迅速发展，各类型的微商、"抖商"也加入流量分割大军，从而让电商类的企业面临非常尴尬的局面。电商类企业转型社交店商模式面对的困难如下表所示：

电商类企业转型社交店商模式面对的困难

序号	困难点
1	不做活动，无流量；持续做活动，无利润
2	网店的维护成本越来越高，网店的转化率越来越低
3	电商进驻门槛越来越低
4	自媒体类的电商运作让传统电商雪上加霜
5	不做广告宣传，网店就像是隐居在"深山老林"
6	产品同质化严重，无法现场体验，让客户难辨真假
7	网店的获客成本已然不低于实体店的获客成本
8	其他方面

二、电商类企业转型社交店商模式运营思路

为了能够更好地将电商的运营思路延续下去，让好的产品、项目能够服务于客户群体，电商类企业的下一个发展方向应该是社交店商模式。如何转型，打造属于电商类企业自己的社交店商模式，可参考的思路如下图所示：

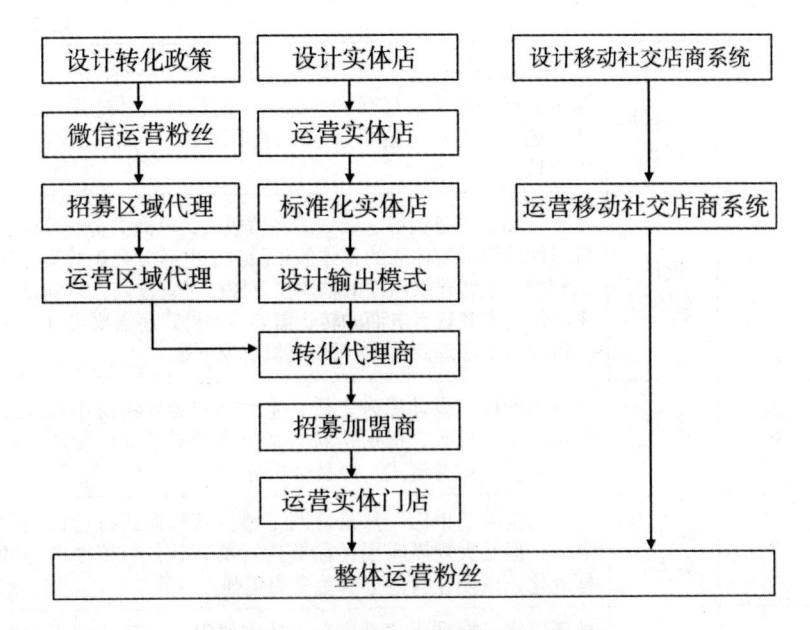

```
设计转化政策      设计实体店       设计移动社交店商系统
     ↓              ↓                    ↓
微信运营粉丝      运营实体店       运营移动社交店商系统
     ↓              ↓
招募区域代理      标准化实体店
     ↓              ↓
运营区域代理      设计输出模式
                    ↓
                 转化代理商
                    ↓
                 招募加盟商
                    ↓
                 运营实体门店
                    ↓
              整体运营粉丝
```

电商类企业转型社交店商模式运营思路

三、电商类企业转型社交店商模式运营步骤

电商类企业转型社交店商模式运营步骤如下表所示：

电商类企业转型社交店商模式运营步骤详解

序号	步骤	步骤说明
1	设计转化政策	电商类企业的客户在电商平台完成交易之后，企业方无法与客户进行一对一的联系并开展后续的引导性销售。因此，电商类企业在转型之前需要设计一个促销策略，以便让购买过产品的客户成为企业方的微信好友。比如，让客户添加企业指定的微信号，就可以获得产品的返利红包
2	微信运营粉丝	通过微信运营的模式去维系微信中的客户群体，以便让这些客户群体通过微信朋友圈内容了解产品、服务等方面的信息，让客户对企业方建立更深的信任和更强的消费黏性
3	招募区域代理	企业方可以设计区域代理的制度，让微信中的客户群体成为本企业项目指定区域的代理商，让他们负责更好地开发、维护、服务周边客户群体

续表

序号	步骤	步骤说明
4	运营区域代理	为了让代理商具备很强的生命力，能够持续性地发展，企业方还需要不断地给予这些代理商活动、产品、制度方面的支持
5	设计实体店	基于产品、服务内容、店面的经营模式，电商类企业可以有针对性地设计实体店的整体形象。对于电商类企业的实体店面转型，笔者建议店面的整体投资额度不宜过高，以满足体系内绝大多数现有电商的转化需要。另外，还需要设计一套可以让多个代理商共同开设实体店的模式
6	运营实体店	实体店的模式设计出来之后，企业方一定要将这个模式放到市场中去检验，根据检验的结果有针对性地调整单店的装修风格、运营模式、产品结构等
7	标准化实体店	经市场检验的单店，只是证明了整体营利模式符合市场的需要，但是大规模应用还需要进行单店软件、硬件内容的标准化，以便让其他单店生命力更强
8	设计输出模式	单店完成了标准化建设之后，还需要设计一套能够将这些标准化内容输送给各个门店的模式，比如营建模式（指导加盟商选址、装修、办证、招聘、选购物料、添置设备等硬件部分在单店复制过程中的输出模式）、培训模式（单店经营过程中所需的技能操作、产品介绍、人员管理、营销推广等软件部分在单店复制过程中的输出模式）、督导模式（通过督促、指导、检查、抽查等方式，发现单店在实际经营过程中出现的问题，然后有针对性地协助加盟商解决，以此来持续地支持加盟商的模式）
9	转化代理商	在进行粉丝运营过程中，电商类企业总部会发展一批依托电商类企业总部的实体代理商，对于这些实体代理商而言，总部需要设计一套激励方式，让这些代理商优先成为实体店经营商，以此来为下一步的大规模招商打下基础
10	招募加盟商	以代理商转化过来的加盟商为基础，转型后的电商类企业总部可以根据自己的项目特点，有针对性地进行其他圈层创业者的招募
11	运营实体门店	企业方的督导部门负责实体门店的整体运营工作
12	设计移动社交店商系统	基于新时代的社交属性、社交媒介，开发出具备项目本身特点的移动社交店商平台，前期可以是小程序，后期再转型成App，这个移动社交店商系统还需要和门店的实际运营相结合

续表

序号	步骤	步骤说明
13	运营移动社交店商系统	移动社交店商系统要与门店的实际运营相关联，让门店具备独立网店的功能，让门店的所有裂变活动都能够在线上实现
14	整体运营粉丝	未来的企业总部主要花费精力运营的中心是粉丝，因此，应围绕粉丝进行产品、模式、渠道等方面内容的升级

第七章 战略设计：没有实用的战略，就会错失时代

第一节 社交店商企业战略设计思维

对一个企业而言，如果没有明确的战略设计，企业就会迷失发展的方向、失去市场的竞争力、浪费已有的资源等，从而很难真正地塑造消费者认可的品牌。

企业，尤其是采用了社交店商模式的企业，在进行战略设计时，一定要与时俱进，以此来保障企业战略切实可行。

为了能够让企业在制订战略时少走弯路，笔者建议企业战略制订者可以参照下表所示的思维角度：

社交店商企业战略设计思维

序号	思维角度	思维解读
1	联合思维	● 对于"盟主"方而言，可以寻找同行、相近行业的企业，采用联采、联厂、联销的方式捆绑在一起，形成新经济联盟体，共御市场变化。 ● 对于门店而言，可以与单店所在商圈内具备同类消费者的商家进行客户共享式的合作，也可以与商圈外的同类型单店进行产品、服务嫁接式合作
2	平台思维	● 寻找具备同类消费者的企业组成平台联盟体。 ● 寻找能够满足同类消费者不同消费需求的企业组成平台联盟体
3	电商思维	● 虚拟店铺的经营需要让客户拥有尽可能真实的体验感。 ● 一店开设、全国售卖的形式。 ● 善于借助最前沿的网络技术来推动店面发展

续表

序号	思维角度	思维解读
4	社交思维	● 善于给每一次消费设计售卖场景。 ● 基于社交的属性特点进行活动设计。 ● 选择最贴近消费者消费需求的高质量产品。 ● 让买卖双方的服务关系变成好友关系。 ● 善于利用主流社交软件来实现商品价值信息的传递
5	垂直产业思维	● 打通源头至消费终端的商品流通环节。 ● 不断缩减流通成本。 ● 让消费需求直达商品源头
6	连锁思维	● 布点、连线、成面、构体：通过直营店、加盟店以及各个店面再次下放的代理点、代售点、社区团长等来完成布点的工作；通过不断增加的店面数量、点位数量来实现连线、成面的效果，以此来构体，实现企业整体的良性运转。 ● 复制成功、克隆财富、制造老板思维：让点位店面的成功运营经验能够被标准化成可复制的状态，让更多的新加入者快速获得成功的经营经验，让早已加入的伙伴不断提升自己的经营能力，以此来不断地优化整个企业的运转情况。 ● 借力打力，四两拨千斤：借加盟商的人力、物力、财力、智力以及其他方面的资源，帮助企业掌握终端、建设渠道、塑造品牌
7	爆品思维	● 做细分品类的开创者。 ● 打造市场尖刀产品，迅速跟进利刃型产品。 ● 明确爆品的价值与用途。 ● 要有不断创造流量爆品的精神。 ● 给爆品创造完整的售卖场景、活动、道具等
8	分享经济思维	● 认识到消费者消费分享的真正价值。 ● 善于利用消费者的社交账户，进行商品价值信息的传递。 ● 给客户的信息传递创造回馈机制。 ● 市场渗透，无孔不入

续表

序号	思维角度	思维解读
9	用户思维	● 联系终端消费者思维,及时把握消费者真实需求。 ● 以客户需求为导向,有针对性地设计产品、售卖场景、渠道建设等内容。 ● 设计可以持续地、有针对性地维系客户的模式、软件、策略
10	现金流运营思维	● 建设完整的现金流管控系统。 ● 为每一个流通环节设计相应的利益点。 ● 将消费者(储值会员)、单店、供应商的现金流全部转入企业可以自由运营的资金池,并让资金池不断地产生价值

第二节 社交店商企业战略设计模板

社交店商类的企业在进行企业战略设计时,至少要考虑下表所示的几个方面的内容:

社交店商企业战略设计应考虑的内容

序号	主要战略内容	设计角度
1	核心定位战略	● 明确企业发展的战略目标
2	产品战略	● 明确爆品方向。 ● 明确产品线方向。 ● 明确产品未来研发方向
3	实体店战略	● 明确单店营利模式。 ● 明确单店社群运营模式。 ● 明确单店选址。 ● 明确单店类型。 ● 明确单店面积区间。 ● 明确单店主要设备、器材。 ● 明确单店人员构成。 ● 明确单店空间识别系统。 ● 明确单店平面识别系统。 ● 明确单店行为识别系统。 ● 明确单店声音识别系统。 ● 明确单店文化识别系统。 ● 明确单店温度、湿度、影像、气味等系统。

续表

序号	主要战略内容	设计角度
3	实体店战略	● 明确单店投资回收方向。 ● 明确单店物流方向
4	电商管理系统战略	● 明确线上、线下功能界定。 ● 明确载体平台。 ● 明确使用者。 ● 明确利益分配。 ● 明确总部、单店主要功能。 ● 明确会员主要制度。 ● 明确社交营销模式。 ● 明确产品构成
5	渠道战略	● 明确渠道层级。 ● 明确渠道政策。 ● 明确渠道开拓策略。 ● 明确渠道建设策略。 ● 明确渠道转化策略
6	价格战略	● 明确产品零售价格制订战略。 ● 明确产品促销价格制订战略。 ● 明确各层级渠道的产品价格制订战略
7	服务战略	● 主要服务内容。 ● 主要服务标准
8	人员战略	● 明确总部主要人员架构、职能、职责。 ● 明确单店主要人员架构、职能、职责
9	文化战略	● 明确总部文化。 ● 明确单店文化。 ● 明确加盟商文化。 ● 明确消费者文化。 ● 明确供应商文化
10	营销战略	● 明确总部营销战略。 ● 明确单店营销战略
11	竞争战略	● 明确企业现阶段竞争战略。 ● 明确企业未来竞争战略
12	品牌战略	● 明确单品牌、多品牌发展方向。 ● 明确品牌塑造方向。 ● 明确品牌建设主要策略

续表

序号	主要战略内容	设计角度
13	资本战略	● 明确资本主要来源。 ● 明确资本主要用途。 ● 明确主要融资形式
14	加盟连锁费用战略	● 明确费用项目。 ● 明确费用激励机制。 ● 明确费用下一步利用率提升方向
15	专利、知识产权战略	● 明确潜在专利、知识产权项目方向
16	物流战略	● 明确总部物流方向。 ● 明确单店物流方向
17	供应商战略	● 明确现阶段供应商选择方向。 ● 明确现阶段供应商合作模式。 ● 明确未来供应商选择方向。 ● 明确未来供应商合作模式
18	地域战略	● 明确各地域市场开拓方向。 ● 明确各地域市场政策方向。 ● 明确各地域市场用途方向
19	关系资源战略	● 明确企业现阶段拥有的资源。 ● 明确企业未来可拥有的资源
20	其他战略	● 依据不同的行业、企业、产品、经营策略等内容制订的战略

第八章　模型熟悉：让商业模式有迹可循，由机爆发

第一节　社交店商商业主体建设模型解读

对于企业而言，在战略设计完毕之后，需要马上精细化确定的就是社交店商模式的商业主体建设部分，对于这个部分，可以参照下表所示的模型进行设计：

社交店商商业主体建设模型解读

模型
（社交店商商业主体建设模型图表）

名词解读			
序号	名词	详细解读	
1	基地商	商品的源头提供者，比如水果源头提供者果农	
2	原料商	生产、销售所需的原料提供者，比如面粉提供者、铁皮提供者等	
3	生产商	将原料或零组件（自制或外购）经过较为自动化的机器设备及一定的生产工序加工制成一系列日常消费品的单位	
4	批发商	向生产企业购买产品，然后转售给零售商、产业用户或各种非营利组织，不直接服务于个人消费者的商业机构。位于商品流通的中间环节	

续表

序号	名词	详细解读
5	线上商城	在互联网上建设的虚拟店面
6	省级伙伴	商业经营区域以省为单位的伙伴
7	市级伙伴	商业经营区域以市为单位的伙伴
8	终端门店	以实体门店为销售载体的商业经营单位
9	终端网点	产品销售通路（渠道）的末端，即产品直接到达消费者（或使用者）手中的环节
10	主体型	品牌方主要经营的商品或服务类型
11	衍生型	品牌方基于主要经营的商品或服务开发的其他产品类型
12	关联型	品牌方基于主要经营的商品或服务特点，有针对性地引进的商品类型，如补充型、嫁接型。水吧店引进的小点心，烘焙店引进的饮料类产品等属于关联型产品
13	文化型	品牌方基于主要经营的商品或服务特点而开发的具备企业文化属性、产品属性、消费者属性等的产品类型。比如企业吉祥物玩偶、水吧店推出的主题会员卡等
14	同客型	消费者为同一类消费群体的商品类型
15	自营	品牌方用自己的资本投资、建立并运营、管理的方式
16	加盟	加盟商家用自己的资本投资、建立并运营、管理的方式
17	联营	品牌方与加盟商共同投资、建立并运营、管理的方式
18	他营	其他品牌方投资、建立并运营、管理的方式
19	代运营	其他品牌方投资、建立但交由品牌方运营、管理的方式

基础应用解读		
序号	名词	详细解读
1	上游供应	根据是否涉及基地商、原料商、生产商、批发商，迅速确定社交店商模式在商业主体建设中的上游布局方向
2	下游渠道	根据是否建设线上商城、省级伙伴、市级伙伴、终端门店、终端网点，迅速确定社交店商模式在商业主体建设中的下游布局方向
3	商品构成	根据是否采用主体型、衍生型、关联型、文化型、同客型产品策略，迅速确定社交店商模式在商业主体建设中的商品构成方向
4	经营方式	根据是否采用自营、加盟、联营、他营、代运营方式，迅速确定社交店商模式在商业主体建设中的经营方式
5	上游供应与商品构成	根据上游供应与商品构成，迅速确定社交店商模式在商业主体建设中各类型的商品来自上游哪种供应方式

续表

序号	名词	详细解读
6	下游渠道与商品构成	根据下游渠道与商品构成，迅速确定社交店商模式在商业主体建设中各类型的商品分别下放到哪个层级渠道
7	上游供应与经营方式	根据上游供应与经营方式，迅速确定社交店商模式在商业主体建设中上游供应端口分别采用哪种经营方式
8	下游渠道与经营方式	根据下游渠道与经营方式，迅速确定社交店商模式在商业主体建设中下游各类型渠道分别采用哪种经营形式

案例应用

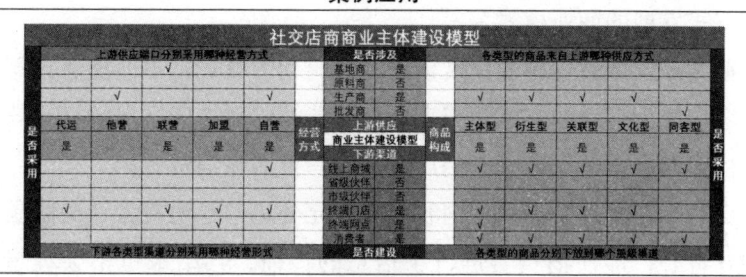

社交店商商业主体建设模型

	上游供应端口采用哪种经营方式					是否涉及		各类型的商品来自上游哪种供应方式					
						基地商	是						
						原料商	否						
是否采用	代运	他营	联营	加盟	自营	生产商 批发商	是 否	主体型	衍生型	关联型	文化型	同客型	是否采用
						上游供应		是	是	是	是	是	
					经营方式	商业主体建设模型	商品构成						
						下游渠道							
	是	是	是	是		线上商城	是						
						省级伙伴	否						
						市级伙伴	否						
	√		√	√		终端门店	是	√	√	√	√	√	
						终端网点	是						
						消费者	是						
	下游各类型渠道采用哪种经营形式					是否建设		各类型的商品分别下放到哪个层级渠道					

案例解读

序号	名词	详细解读
1	上游供应	企业拥有基地商和生产商两个上游机构
2	下游渠道	企业建立了自有的线上商城，没有在省级、市级设立区域性运营机构，采用了终端门店面对消费者的方式，并围绕终端门店设计了更合理的销售渠道层次
3	商品构成	各类型的商品均有涉及
4	经营方式	没有采用他营的经营方式
5	上游供应与商品构成	企业在主体型、衍生型、关联型、文化型产品上均使用了工厂直接加工或者代加工的方式，而同客型的产品则采用了直接从批发商手中拿货的形式
6	下游渠道与商品构成	企业将所有类型的商品全部放到了线上进行销售，实体店中不销售同客型产品，分销网点只提供主体型产品用于市场布局和销售，消费者可以通过实体店、网店等渠道获得各类型商品
7	上游供应与经营方式	企业自己设立了工厂，同时借助其他企业代工生产所需的商品，借助联营的方式建立了上游源头供应端口
8	下游渠道与经营方式	企业自主经营线上商城；采用自营、加盟、联营、代运营的方式进行实体门店的布局；对于终端网点，只采用加盟的方式进行市场布局

第二节　社交店商生态运营模型解读

社交店商模式是依托于实体门店设计的商业模式，对于此模式的简单理解，可以是"基于实体门店运营模式，借力新时代移动互联网的属性特点，利用社交力这一纽带，深度开发实体店最大经营商圈范围内的潜在客户，让客户进店、转化、裂变、复购，从而实现门店及品牌方整体生态式发展的商业模式"。

在循环发展过程中，门店借助利益驱动的方式，不但能够让每一个进店客户成为门店的实际消费者，而且能够借助进店客户的社交软件影响他社交圈层内的人群，为门店带来新一批潜在消费者。

当然，如果这个传播的内容不能够充分地勾起消费者社交圈层内群体的好奇心，即使消费者进行了信息的传播，其结果也不会理想。因此，门店的实际经营者需要在传播的内容方面有独特的创意，这个创意内容至少要包含下表所示的三个方面的属性特点：

创意内容必备属性特点

序号	属性特点
1	要将店内爆品独具特色的点展现出来
2	站在消费者的角度编写文字内容、拍摄图片内容、拍摄视频内容等
3	设计出有吸引力的折扣信息

当消费者传播的内容能够吸引他的社交圈层人群时，你的门店就可以在短时间内批量获得新的消费者了。如果产品的品质确实经得起市场考验，那么，你的消费者复购也将正式拉开序幕。

当每一个进店的客户都成为你的社交好友时，你可以通过日常维护与他们建立深层次的连接。在这个过程中，你会顺其自然地将你的客户分为两类，一类是来店消费的普通客户群体，另一类则是可以成为你合作伙伴的种子客户，这些种子客户可以成为你的社区小代理，帮你深度开发和维护更多的消费者，也可以成为新的总部加盟商。

对于加盟总部而言，一定要在加盟商孵化新加盟商之前，就给加盟商设计好利益分配的规则，如此才能充分地激发加盟商的经营动力。

如上所述的内容循环往复，不仅可以让门店的经营达到"店前无客流，业绩无影响"的理想状态，还能够帮助加盟总部达到"招商少投入，加盟不少招"的理想状态。

第三节　社交店商型单店营利模型解读

单店是连锁企业网络布局的基础元素，没有优秀的单店，就不会有百城万店的连锁网络。

因此，连锁企业在进行全国布局之前，首先需要做的就是打造一个既能够适应当下又能够衔接未来的单店营利模式。对于这个营利模式，总部一定要清楚它究竟是由哪些核心的部分构成的，然后依据自己企业的实际情况，有针对性地进行单店营利模式的设计，如此才能够设计出真正属于企业自身的单店营利模式，才能够让企业未来延展的连锁网络更稳固。

社交店商型单店营利模式的设计，一般可以从下表所示的角度进行思考：

社交店商型单店营利模式思考点

序号	思考点	具体内容
1	"三流"设计	信息流、资金流、物质流
2	"四点"设计	消费群体、渠道客户、社交媒介、联盟商家
3	"四面"设计	产品设计、服务设计、环境设计、商圈设计

对于上表所示的内容，可以通过下图所示的内容进行立体化思考：

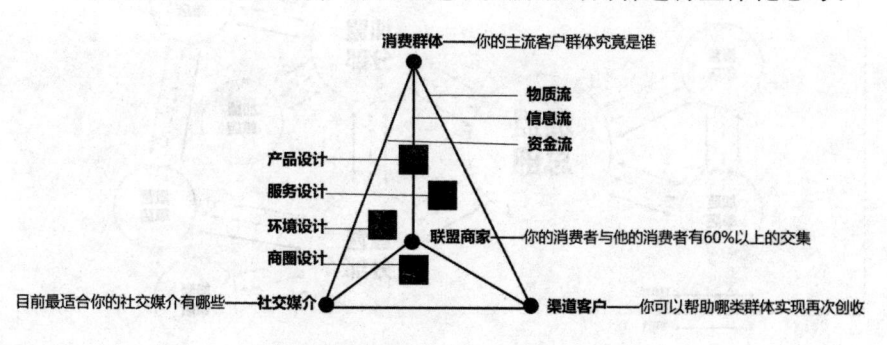

社交店商型单店营利模式立体化思考

在对上述内容进行设计之前，一定要清楚企业针对上述内容的着力点究竟是什么，然后有针对性地进行上述内容的设计。具体的着力点思考方向可以参照下文所述内容。

一、"三流"设计

许多加盟连锁企业的创始人、操盘手，在实际运作自己企业加盟连锁商业模式时，总感觉哪里不顺畅，经过一番查找后发现许多问题，但是在解决了这些问题之后，又在实际运营过程中发现新的问题。久而久之，本应把控企业未来发展方向的创始人、操盘手，却花费了大量精力查漏补缺。

究其原因，是该企业在最初建设加盟连锁商业模式时就没有将商业模式细化成商业运营模型，更没有将商业模式中的"三流"，即信息流（各类营销信息、订/换/调货信息、人员调动信息、培训信息等信息内容的传递、反馈走向）、资金流（单店流水、订货资金、财务结算等与资金有关的传递、反馈走向）、物质流（设备、器材、包材、货品等有形物质的传递、反馈走向），在加盟连锁商业运营模型中实操模拟，从而导致企业在实际运营过程中不断出现各种问题，很难一次性将问题彻底挖掘出来并有效解决。

因此，笔者通过下图所示内容，简单地给大家分享一个加盟连锁企业在商业运营模型中的纲领性"三流"走线：

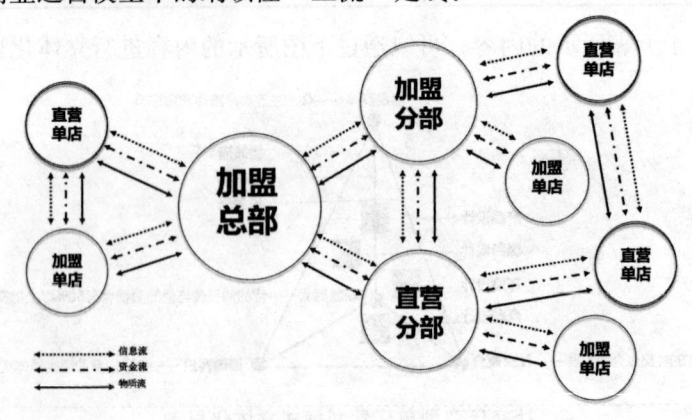

加盟连锁企业"三流"走线

在上图所示的"三流"走线中，我们需要结合自身的产品/服务形态、企业特点、行业属性、资源配置、商业模式等深刻地思考下表所示的几个方面的问题：

加盟连锁企业有关"三流"走线的思考点

序号	思考点
1	加盟总部是直接服务单店还是由分部代为服务单店
2	代为服务单店的分部是加盟分部、直营分部还是两者都有
3	加盟总部的直营单店是否需要由加盟分部代为服务
4	已经开设了直营单店的区域在设立加盟分部之后该何去何从
5	加盟总部直接服务单店时，加盟单店与直营单店之间是否可以"三流"互通，还是只能"单流"互通
6	加盟总部直接服务单店，直营单店之间是否可以"三流"互通，还是只能"单流"互通
7	加盟总部直接服务单店，加盟单店之间是否可以"三流"互通，还是只能"单流"互通
8	加盟总部不直接服务单店，加盟单店与直营单店之间是否可以"三流"互通，还是只能"单流"互通
9	加盟总部不直接服务单店，直营单店之间是否可以"三流"互通，还是只能"单流"互通
10	加盟总部不直接服务单店，加盟单店之间是否可以"三流"互通，还是只能"单流"互通
11	加盟分部与直营分部之间是否可以"三流"互通，还是只能"单流"互通
12	更多

上述信息仅限于总部、分部、单店之间的"三流"走向分析，在实际商业运营模型中，还会牵扯每一个独立单元内部的"三流"走向，下面笔者以一个独立的单店为例进行说明。

（一）单店信息流走向（见下表）

单店信息流走向列举

序号	走向列举
1	单店负责将消费者的市场反馈信息直接反馈给加盟总部运营中心的指定督导人员

续表

序号	走向列举
2	单店负责将店面需要做的营销活动方案直接上报给加盟总部运营中心的指定督导人员
3	单店负责将经营过程中的成功经验、失败教训等信息直接反馈给加盟总部运营中心的指定督导人员
4	单店负责将店内人员的变动信息直接上报给加盟总部运营中心的指定督导人员
5	加盟总部运营中心的指定督导人员负责将培训信息直接传递给终端门店的直接负责人
6	加盟总部运营中心的指定督导人员负责将新品订货、滞销品调换货等信息直接传递给终端门店的直接负责人
7	加盟总部运营中心的指定督导人员负责将营销、促销活动等信息直接传递给终端门店的直接负责人
8	其他方面的信息传递

（二）单店资金流走向（见下表）

单店资金流走向列举

序号	走向列举
1	单店将每日的现金流自动流向加盟总部指定的账户，然后总部定期进行资金返还
2	单店的订货费用直接从单店的每日现金流中扣除
3	单店的现金流独立留存于各个门店
4	单店的订货费用必须提前转账
5	其他方面的资金传递

（三）单店物质流走向（见下表）

单店物质流走向列举

序号	走向列举
1	单店订货通过总部指定、自有、推荐的物流公司进行配送
2	退货、换货、调货必须按照总部统一的制度进行操作
3	其他方面的物质传递

二、"四点"设计

"四点"设计中的消费群体、渠道客户、社交媒介、联盟商家是基于单店进行设计的,这一点需要企业在设计时着重注意。

(一) 消费群体

门店直接面对的主要客户群体就是终端消费者,因此,在进行整个项目设计时,企业一定要有明确的消费者定位,明确自己的客户群体主要是女性还是男性,他们主要处于什么年龄区间,他们的消费能力主要集中在哪个区间等,如下表所示:

消费群体粗略定位

序号	定位方向	明确目标
1	性别	男、女
2	年龄区间	如18~30岁
3	消费能力	如月收入在5000~8000元
4	其他方面	略

企业明确上述几个方面后,基本上就可以将目标锁定在一个相对精准的范围之内了,这时企业可以根据自身产品的属性特点进一步细化,如下表所示:

消费群体精准定位

序号	定位方向	明确目标
1	消费习惯	如有计划消费、随意消费等
2	职业属性	如教师、医生等
3	城市分布	如二、三线城市居住人员
4	婚配状态	如计划结婚的群体
5	学历状况	如专科以上学历的群体
6	生活方式	如追求生活品质的人群
7	其他方面	略

根据上表所述的内容,企业可以结合自身的产品特点、服务属性等因素作进一步的细化。总而言之,企业越清楚自己的客户是谁,就越能清楚地指导单店进行客户的开拓。

(二) 渠道客户

此处所指的渠道客户是单店可以开发和发展的渠道客户群体。以榴梿主题店为例,榴梿是每一个水果店不可或缺的热销水果,每一个水果店都希望能够拥有利润高、品质好的榴梿,榴梿主题店就可以将自己的

1~2款产品放在水果店销售，然后进行利润分成。如此一来，既可以增加榴梿主题店的市场覆盖率，也可以提升单店的品牌知名度。

上述是一种将产品"嫁接"到他人店面的合作方式，还有一种合作方式是直接以小区为单位，招募小区的代理商，由这个小区代理商深度开发这个小区内的所有精准客户，而这个小区代理商本身并不需要投入过多的资金。这种情况下，这位小区代理商就是单店的渠道客户。

基于上述内容，一个社交店商模式下运营的连锁门店，既可以采用店中店的方式进行渠道开拓，也可以采用单品等"嫁接"的方式进行渠道开拓，还可以直接招募社区代理商。

如此一来，门店就可以深层次、多维度地开发商圈内的渠道客户了，门店的生存能力当然也就更强。

所以，总部需要设计好基于渠道客户的运营模式。

（三）社交媒介

对于总部而言，可以创建自己的社交媒介，比如具备社交属性的App、小程序等，也可以借助第三方的社交媒介，比如有赞商城等。

无论是自建的社交媒介，还是第三方的社交媒介，都需要总部将运营主流社交软件（如微信、抖音等）的模式、策略教给终端门店，并且要提醒各门店每天进行内容创作，以便收集每个门店独具特色的创意，然后将之共享给各个门店。

所以，总部需要将基于社交媒介的运营模式设计清楚。

（四）联盟商家

当终端门店定位的消费者和其他经营业态的门店消费者是同一群体时，这些"其他经营业态的门店"就满足了终端门店潜在联盟商家的条件。

总部需要提前将满足联盟条件的商家业态明细整理出来，同时将不同经营业态的门店与终端单店合作的模式设计出来，并负责指导门店经营者落地应用。

如此一来，门店又可以增加一些客户来源渠道。所以，总部需要将基于联盟商家的运营模式设计清楚。

三、"四面"设计

（一）产品设计

要立足于市场，肯定需要拥有一个相对完善的产品体系，但是很多连锁企业的总部并不能对自己的产品有一个清晰的认知，尤其是一些单品类经营的企业，除了产品认知模糊之外，还面临产品品类太少的尴尬局面。对于此种状态，笔者着重为大家分享一个基于社交店商模式的产品设计模型，模型内容如下图所示：

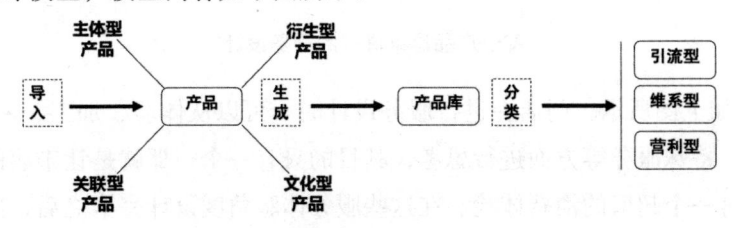

基于社交店商模式的产品设计模型

基于上图，可以看出，任何一个企业都会有一个主体型的产品类别，基于这个主体型的产品类别，可以设计出主体型产品的衍生型产品，如主体型产品是烤红薯，那么它的衍生型产品可以是红薯干、红薯甜点等。也可以基于主体型产品设计出关联型产品，比如一个主做美甲的店面，可以将面部美容、手足护理、文眉等产品嫁接至门店，形成门店的关联型产品。每一个门店都有其独特的产品文化，总部需要结合企业文化设计一些文化型产品，比如文化创作类的公仔、水杯、饰品等。

当企业总部为门店打造出分类清晰、品种齐全、品类丰富的产品体系后，还需要结合市场的情况，给这些产品一个清晰的市场定位，比如有些产品用来吸引客流，其本身并不一定赚钱；比如有些产品用来黏住和维系客户，让客户能够稳定地来店消费；比如有些产品用来营利，让门店能够拥有相对稳定的收益来源。

如上所述的产品设计，才是基于社交店商思维进行的产品设计，才能够让门店借助社交店商模式创造更大的价值。

（二）服务设计

在服务设计方面，如果店面本身就是服务业态，那需要做的就是将服务型产品按照前面描述的产品设计思维进行设计。

本处阐述的服务设计，是为店面更好地运营而设计，下图即基于产品思维进行的服务设计：

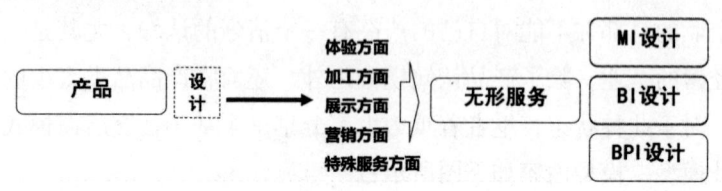

```
产品 → 设计 → 体验方面
              加工方面
              展示方面  → 无形服务 → MI设计
              营销方面                BI设计
              特殊服务方面            BPI设计
```

基于产品思维进行的服务设计

如上图所示，门店在进行服务设计时，可以从体验、加工、展示、营销、特殊服务等方面进行思考，其目的只有一个，那就是让来店的客户获得一个超值的消费体验。在这些服务体验角度设计完毕之后，门店需要将这些内容在 MI（理念识别）、BI（行为识别）、BPI（流程改进）系统中具体呈现出来，以便连锁门店能够实现标准化的复制。

（三）环境设计

对于环境设计，此处更多的是指店面有形部分的展现。消费者在接触店面的具体产品之前，首先看到的是店面的门口，走进店面之后的第一感觉来自店面的整体装修风格。因此，在进行店面设计时，需要有一条清晰的主线，围绕这条主线进行店面设计，这条主线就是消费者的进店路线，根据这条路线对店面进行软装、硬装，如此才能够效用最大化地刺激消费。

为了更好地呈现店面整体环境，需要从 VI（视觉识别系统）、SI（企业终端形象识别系统）、语音识别系统，以及 OI（灯光、温度、影像、气味等其他系统）的建设方面着手，具体如下图所示：

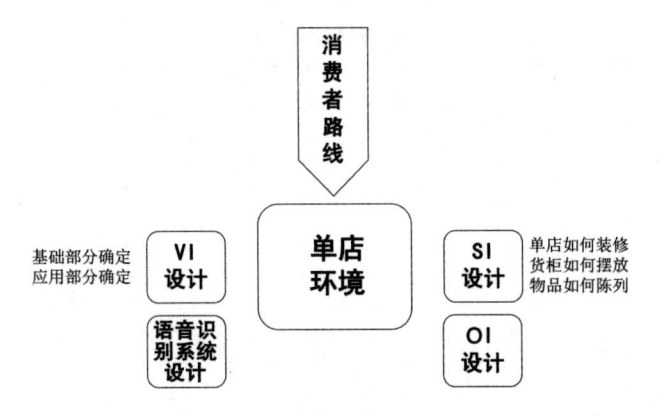

```
                    ┌─────────┐
                    │消费者路线│
                    └────┬────┘
                         ▼
基础部分确定   ┌──────┐  ┌──────┐  ┌──────┐   单店如何装修
应用部分确定   │ VI   │  │ 单店 │  │ SI   │   货柜如何摆放
              │ 设计 │  │ 环境 │  │ 设计 │   物品如何陈列
              └──────┘  └──────┘  └──────┘
              ┌──────┐            ┌──────┐
              │语音识│            │ OI   │
              │别系统│            │ 设计 │
              │ 设计 │            └──────┘
              └──────┘
```

单店整体环境设计

这几大系统的设计有明显的先后顺序。首先需要进行设计的是单店的导购流程或者单店的服务流程，然后依据这个流程和VI的基础部分设计出单店的SI部分以及VI的应用部分。在完成这些设计的同时，要对单店的语音识别系统进行设计。语音识别系统包括单店内的称谓（上下级称谓、同事间的称谓、对不同类型客人的称谓）、背景音乐等与语音相关的内容。

在完成上述内容的设计之后，可以进行OI部分的设计，OI部分包括店内温度相关的管控制度、影像相关的管理制度、气味方面的标准规范、灯光方面的管理制度等内容。其目的是进一步营造出最具购买欲的消费场景。

（四）商圈设计

不同的经营业态、不同的经营模式，决定了不同类型的单店应该在不同类型的商圈进行选址，这也是你在任何一个商圈都能看到生意不错的店面的主要原因。

作为连锁总部，需要做的就是将最适合项目生存的商圈属性总结出来，找到此类型商圈的标准化模型，最后不断地将这个选址模型输出给一个个的连锁门店经营者，让他们都能够遴选到合适的店址。

在进行商圈设计时，可以参照下表所示的指标：

商圈设计参考指标

序号	指标	释义
1	地理位置	被选店址所处地段
2	人口状况	被选店址区域内人口的数量、就业与收入水平、年龄结构、文化程度等
3	商业条件	被选店址所属的商业区域类型，一般划分为三类，即城市交通枢纽商业区、城市大型居民区商业街和城乡交会处
4	交通条件	主要指被选店址的交通方便程度，包括是否有单行道、是否属于交通特殊管制的地段等
5	资金投入	在被选店址处建设单店预计所需投入的资金额
6	消费行为	被选店址区域内消费者的消费习惯和消费偏好
7	商圈成长性	被选店址所在区域的未来发展情况
8	店面情况	被选店址的可视性、店的面积大小、店内水电设施、门前停车位等
9	政策法规	被选店址所处区域内城市建设规划和商业主管部门限制和鼓励的政策
10	停车条件	被选店址周围停放车辆的方便程度

在完成对上述指标的理解及设计之后，最终得出选址所需遵循的原则：越简单越好。下图所示的选址指标，就是基于社交店商运营模式得出的。

社交店商运营模式下店面选址指标

上图对店面选址的位置、价格、消费力、消费主体、店铺面积、商业配套等内容进行了浅显易懂的呈现，这样的呈现方式能够让绝大多数人一看就懂、一用就会。

由上图所示的选址具体指标可以看出，一个采用社交店商运营模式的实体门店，并不需要选址在火爆商圈的核心位置，因为社交店商模式下的单店并不靠自然客流占领市场，而是靠种子客户不断孵化、裂变而产生源源不断的客流。

第四节　线上线下功能一体化模型解读

社交店商模式，一方面需要以实体门店的运营模式作支撑，另一方面需要嫁接移动互联网的运营模式。因此，品牌方在进行社交店商模式的整体设计时，一定要进行线上、线下模式的一体化设计，在保证线上模式、线下模式都能够将其最大优势发挥出来的前提下，进行模式短板的补充。

为了能够充分地进行模式的整体设计且不会出现模式内容的遗漏，可以参照下图所示内容进行单店功能设计：

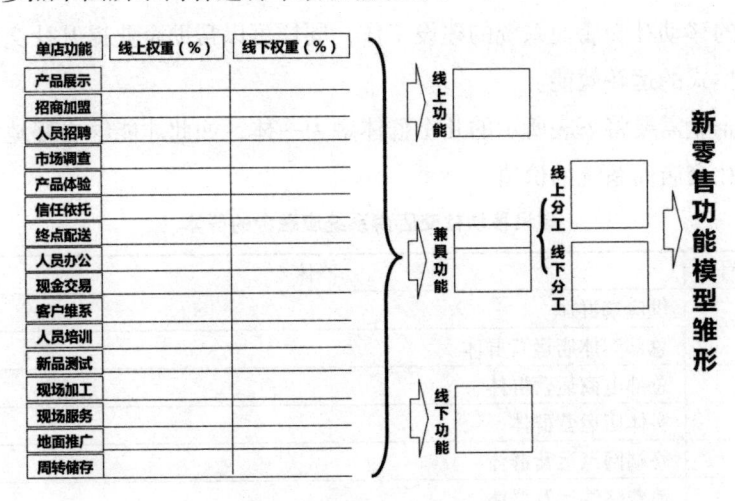

单店功能	线上权重（%）	线下权重（%）
产品展示		
招商加盟		
人员招聘		
市场调查		
产品体验		
信任依托		
终点配送		
人员办公		
现金交易		
客户维系		
人员培训		
新品测试		
现场加工		
现场服务		
地面推广		
周转储存		

线上功能／兼具功能（线上分工／线下分工）／线下功能 ⇒ 新零售功能模型雏形

社交店商运营模式下单店功能设计

从上图所示的内容可以看出，单店功能实际上主要由 16 个部分构成，只不过这 16 个部分之中，有些部分放在线上才能够实现价值最大化，有些部分放到线下才能够实现价值最大化，而有些部分则线上线下相互兼容、相互配合才能够实现价值最大化。

究竟如何在线上或者线下进行功能的分配，需要企业结合自身的整体商业模式特点、行业属性特点、企业资源配置情况、产品品类组合情况等进行综合性的设计，以此实现线上、线下模式的一体化设计。

第五节　移动社交店商平台设计模型解读

信息化时代，一定要采用信息化的管理方式、管理模式、管理工具，如此才能够更高效率地完成市场布局，才能够在市场上更具竞争力。因此，将移动社交店商系统应用到社交店商运营模式中，将会在很大程度上提高社交店商运营模式的应用效能。当然，这个系统的建设与日后的应用所产生的费用，一般的企业不一定能够承受。所以，笔者建议企业经营者依据企业自身的情况，决定是否建立属于企业自己的移动社交店商系统。对于短期内不打算建设移动社交店商系统的企业，下文所述的移动社交店商系统的建设工作，同样可以帮助企业提升社交店商运营模式的运转效能。

企业需要将下表所示的几个群体融为一体，如此才能够更好地发挥移动社交店商系统的价值：

建设移动社交店商系统应融合的群体

序号	群体
1	供应端群体
2	总部实体店运营群体
3	总部电商运营群体
4	实体店运营群体
5	终端网点运营群体
6	消费终端运营群体
7	其他方面运营群体

移动社交店商系统的建设，至少要包括下表所示几个方面的内容：

建设移动社交店商系统应包含的内容

序号	系统名称	主要用途	强调要点
1	商品系统	主要用于商品品类、价格、详情的介绍等	● 母店系统的商品品类齐全。 ● 子店系统的商品需要从母店商品库中自由选择。 ● 线上商城的品类可以丰富实体门店品类。 ● 商品的录入权限不建议开放给终端门店。 ● 管理商品库存
2	客户系统	对客户在系统中进行各类型交互动作进行管理	● 要基于社群营销特点制定会员政策。 ● 积分制度要与商城内的商品相匹配。 ● 具备自由设定客户标签的功能
3	分销系统	主要用于信息化管理各级代理商、分销商的商品品类、价格策略、分润金额、客户归属等	● 分销始端为终端实体门店。 ● 各级别的政策由公司统一制定，严禁门店自由修改
4	营销系统	用于拓展新客户、维系老客户等营销动作	● 基于社交营销思维进行营销插件的设计。 ● 明确界定各类型营销插件的应用场景，比如新客户传播、老客户维护、老客户裂变等。 ● 对于每一个营销插件都要有相应的活动方案作为指导
5	数据系统	主要用于实时呈现客户、代理商、加盟商等各销售节点的实时销售状态	● 客户的消费频次、偏好、客单价、月消费额等数据。 ● 分销人员的下线数量、销售额、增长速度等
6	财务系统	主要用于管理系统内所有的资金结算、流向、累计、扣点、提现等	● 消费自动返现功能。 ● 财务自动结算功能
7	订单系统	主要用于管控订单的各个走向、节点，比如客户下单、店家接单、店家派单、客户收单等	● 订单提醒。 ● 配送方式的自由切换

续表

序号	系统名称	主要用途	强调要点
8	装饰系统	主要为各个实体门店独立装修网店提供装饰素材	● 装修风格具备自由调整的功能。 ● 装修内容要与时俱进、及时更新
9	地接系统	管控线下客户首次采用系统完成交易的各节点	● 保证客户成为门店的微信好友。 ● 将激励机制转化成客户线上付费的媒介
10	其他系统	依据企业的实际情况进行有针对性的设计	● 略

对于上述系统的运转流程，可以参照下表所示的内容：

移动社交店商系统运转流程

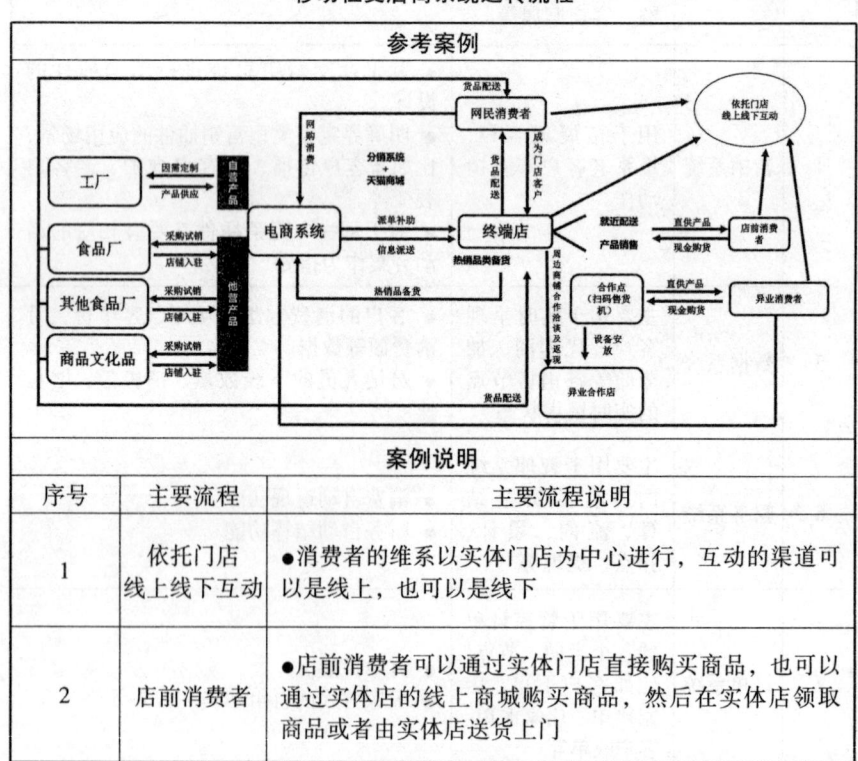

参考案例
（图示：工厂、食品厂、其他食品厂、商品文化品 → 自营产品/他营产品 → 电商系统 → 终端店 → 网民消费者、店前消费者、异业消费者、异业合作店，涉及因需定制、产品供应、采购试销、店铺入驻、网购消费、分销系统+天猫商城、派单补助、信息派送、热销品类备货、周边摊铺合作推谈及返现、货品配送、成为门店客户、就近配送产品销售、直供产品现金购货、合作点（扫码售货机）、设备安放、依托门店线上线下互动等流程）

案例说明		
序号	主要流程	主要流程说明
1	依托门店线上线下互动	●消费者的维系以实体门店为中心进行，互动的渠道可以是线上，也可以是线下
2	店前消费者	●店前消费者可以通过实体门店直接购买商品，也可以通过实体店的线上商城购买商品，然后在实体店领取商品或者由实体店送货上门

续表

序号	主要流程	主要流程说明
3	异业消费者	●异业消费者可以通过实体门店摆放在其他门店中的扫码售货机直接购买商品，并完成会员信息的注册。日后可以直接在实体店的线上商城购买商品，然后在实体店领取商品或者由实体店送货上门
4	网民消费者	●网民消费者可以通过总部经营的线上商城进行商品的购买，购买的货品可以在附近的实体店领取，可以由附近的实体店送货上门，可以由总部电商部门远程发货，也可以由商城入驻者（工厂、其他品牌商品经营者）远程发货
5	终端店	● 终端店负责常规货品的备货，然后给来店消费的消费者提供相应的商品。 ● 终端店负责非常规货品的备货，然后给在网上下单的消费者提供就近供货点，或者提供送货服务。 ● 终端店负责将每一个进店的消费者转化成线上的会员客户。 ● 终端店负责依托商圈经营半径，有针对性地开发合作点（扫码售货机）或者二级分销人员
6	电商系统	● 电商系统中的商品经营者，有些是总部，有些是外来品牌的经营者。 ● 电商系统中的分销系统，可以为终端门店提供分销服务。 ● 电商系统中的订单派送，可以自动匹配附近的配送门店，然后由附近门店提供商品的配送服务。 ● 电商系统负责不断开发更多的网民消费者，然后将这些消费者不断转化至门店，由终端店负责日后的维系

对于上文所述的地接系统，将激励机制转化成客户线上付费的媒介的思路内容，可以参照下表：

将激励机制转化成客户线上付费媒介的思路

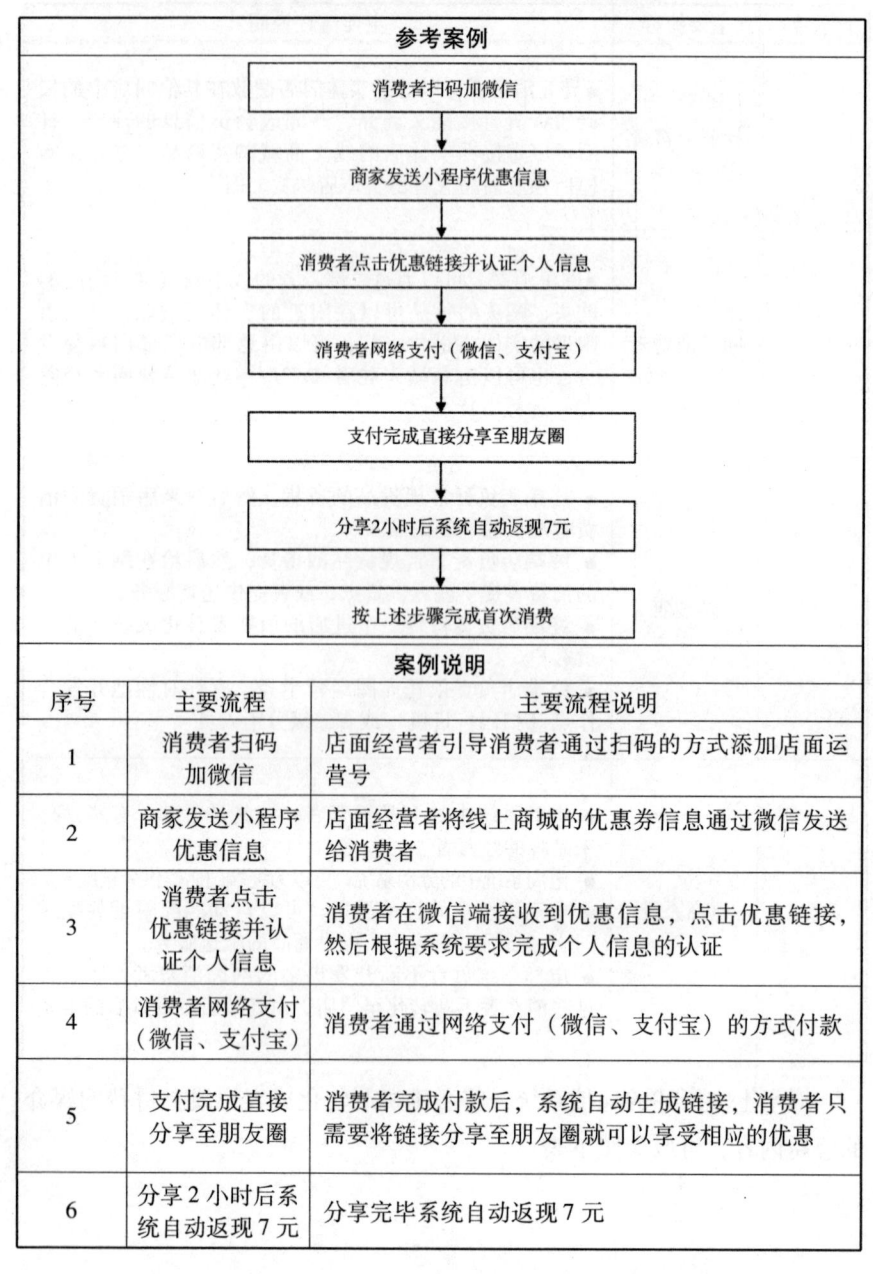

参考案例
消费者扫码加微信 ↓ 商家发送小程序优惠信息 ↓ 消费者点击优惠链接并认证个人信息 ↓ 消费者网络支付（微信、支付宝）↓ 支付完成直接分享至朋友圈 ↓ 分享2小时后系统自动返现7元 ↓ 按上述步骤完成首次消费

案例说明		
序号	主要流程	主要流程说明
1	消费者扫码加微信	店面经营者引导消费者通过扫码的方式添加店面运营号
2	商家发送小程序优惠信息	店面经营者将线上商城的优惠券信息通过微信发送给消费者
3	消费者点击优惠链接并认证个人信息	消费者在微信端接收到优惠信息，点击优惠链接，然后根据系统要求完成个人信息的认证
4	消费者网络支付（微信、支付宝）	消费者通过网络支付（微信、支付宝）的方式付款
5	支付完成直接分享至朋友圈	消费者完成付款后，系统自动生成链接，消费者只需要将链接分享至朋友圈就可以享受相应的优惠
6	分享2小时后系统自动返现7元	分享完毕系统自动返现7元

续表

注意事项	
序号	详细内容
1	上述流程中，消费者作为自然客流进入店内，然后完成了首次消费
2	在消费者初次进行信息认证时，只需要捕捉到其微信号、手机号、真实姓名即可，其他的信息可以让消费者在日后进行完善，完善内容可以获得额外的奖励
3	系统应能够根据消费者的消费频次，自动将其分成不同级别的客户群体，并且应能够提前提醒经营商家哪些客户的消费不满足相应级别的要求，以便于商家调整营销策略
4	商家可以依据消费者的属性，为每一个消费者自定义标签，比如居住小区名称、消费能力等

第九章　模式应用：让商业一切从心开始、从新迭代

第一节　社交店商思维模式 18 式

改变思维，才能成就基业。笔者将从以下方面给大家展开论述，分享给大家 18 式社交店商思维模式，帮助大家高质量运营店面。

1. 向碎片化的营销时间要效能

社交店商在进行商品、服务、活动等信息的传播时，主要依靠的是已有的社群客户，而维系这些社群客户的载体，就是当下使用频率较高的社交软件。

对于商家而言，需要做的就是将这些需要传播的信息拆分成一个个相对独立的信息价值点，借助社交软件的信息传播功能，将信息内容在潜在客户在线数量较多的时候进行多频次的发布，以便让客户在有限的时间内看到对他有用的商品或服务，以此来达成商家在有限的碎片化时间里高效能营销的目的。

2. 实体店私域流量的粉丝经济更可观

实体店需要有一个固定的物理地址作为自己的经营场所，房租、装修、设备、商品以及正规的工商执照等，可以让店面周围的潜在客户自然地走进店面，并产生相对较高的信任值。

如果实体店只是简单地服务好这些自然流量，实际上是不能够满足店面的实际经营需要的，这一方面是因为自然客流会不断缩水，另一方面是因为商家没有实现客户的价值最大化。正确的做法是将每一个自然进店的客户都当作渠道去维系，将客户背后的潜在客户充分挖掘出来，然后使其成为实体门店的客户。

如此一来，对于实体门店经营者而言，他可以在很短的时间内，利

用实体店独具的信任基础，有效地将商圈半径内的客户全部转化成自己的社交好友，然后用社交软件维系好每一个好友，这样门店就会形成属于自己的私域流量，而这些在流量内的社交好友，就可以通过"线上维系、线下深交"的方式转化成对门店忠诚度极高的粉丝客户，从而形成高产能的"粉丝效应"。

3. 社交店商的人货合一

对于品牌经营商而言，品牌与服务、产品融为一体，且深深根植于消费者心中。对于实体店经营者而言，品牌自带影响力当然会更有利于实体店的市场开拓，但这并不能在根本上解决店面的经营问题，店面的经营更需要经营者与店面的消费者产生尽可能多的连接，从而让消费者在特定的商圈范围内一想到某一个产品或者某一项服务就能够联想到店面经营者，而一想到这个店面经营者就能够联想到他所销售的产品或服务。

这样的经营者才是社交型店面合格的经营者，也只有这样的经营者才能够真正地发挥社交店商的作用。

4. 借力社交趋势玩转实体店

（1）社交移动化

以往的社交多数集中在一定的物理范围内，最多扩散至电脑端口的社交软件。但是今天，越来越多的社交从 PC 端的社交软件转移至移动终端，而移动终端陪伴人们的时间更长，人们对转移终端的黏性更强。

基于上述特点，实体店的经营者只需要仔细分析客户群体，找出自己的客户群体喜欢集中在哪些社交软件之中，喜欢在哪个时间段停留在社交软件之中，喜欢什么类型的广告呈现形式等，然后有针对性地进行相关信息的植入即可。如此就能够为实体店实现"店前无客流、业绩无影响"的目标打下基础。

（2）社交广泛化

社会发展到今天，人员的流动性大大提高，亲朋好友可能会分散到五湖四海，但是新时代催生出一个又一个跨越物理区域的社交软件，这些软件可以让更广泛区域的人们实现连接。

基于上述属性特点，身处任何地方的消费者，通过社交软件的信息分享功能，都可以影响全国各地的人。因此，实体店具有"一处开店、全国卖货"的独特优势。

(3) 社交兴趣化

每一个兴趣偏好明显的人背后，都有一群具备同样偏好的人。他们具备相近的属性特点，因此，他们会基于相同的兴趣爱好或其他相近的属性特点进行话题的探讨、活动的举办等。

基于上述属性特点，每一个门店经营者都需要充分了解客户的属性特点，然后基于这些属性特点，设计出客户愿意传播的活动形式，以此来达到深度挖掘客户背后潜在客户的目的。

(4) 社交区域化

最早的社交圈子主要是物理范围相对集中的社交圈子，在这之后，随着工作、学习等因素的影响，社交的圈层开始变得松散。但是，对于一个独立个体来讲，他的社交圈子是相对集中的，至少有50%以上的社交集中在一定的物理范围内。

基于上述属性特点，门店可以充分调动进店客流的积极性，让这些客流通过社交软件传播信息，从而影响他身边的圈层，然后批量挖掘他圈层内的潜在客户。

(5) 社交陌生化

过往的社交圈层，大多是通过熟人相互介绍彼此建立连接形成的。电脑终端的社交型平台出现后，人与人之间的社交开始变成自发性的陌生交际，但是这种社交的信任度不高、交互性较弱。

在移动互联网时代，陌生人与陌生人之间的交往更加频繁，且开始从线下走到线上，比如你的一个朋友建立了一个微信群，那你就可以借助他的微信群迅速认识他身边的朋友，然后将其转化成你的社交好友。这是因为一般来说大家都有一个共同的认知，那就是朋友的朋友更容易成为自己的新朋友。

基于上述属性特点，门店的经营者在店面开业之前就可以借助朋友建立的微信群等方式，迅速积累自己的第一批客户，从而实现"先有用户、后开店"的经营状态。

5. 用社群运营的思维去解决客户问题

纯粹的线上门店黏不住客户，纯粹的线下门店没有太多的客户，针对这种情况，我们需要实现线上线下一体化。就一家店来讲，这家店大家可以理解为传统的实体店面，但是笔者更希望大家能够将这家店理解成一个点，因为它可能是传统的实体店，也可能是一个网点、一间办公室等，这些都要依据实际发展需要去确定。我们需要做的是将单店具备的各项功能进行线上线下的有机组合，让它们各自发挥出自己的最佳能力。除此之外，我们还需要依托实体店，借助社交工具，利用线下门店的独有属性，让每一个种子客户都能够经过实体店的"开拓"而不断地产生客户裂变。

6. 消费场景不仅仅发生在店里

社交店商模式下，在实际经营过程中，消费者与经营者之间进行交易的消费场景，不一定全部发生在实体门店，还有一部分会发生在微信等社交软件之中。

因此，店面的经营者不仅仅要进行实体店面消费场景的布置，还需要在社交软件之中进行消费场景的布置。

7. 社交关系的闭环式运营

社交店商模式的运营过程，实际上就是运营社交关系的过程，因此，社交关系的建立是社交店商运营模式的开端。通过各种类型的活动、策略、机制等不断强化商家与客户之间已经建立起来的关系，目的是激活客户背后的潜在客户，使其成为商家的新客户。如此循环往复地进行关系的运营，其最终的目的是让一个本身不是流量型的店面成为火爆异常的店面，因为社交关系的循环往复，可以让客户与商家之间拥有超强的信任基础，让客户不断地去"病毒式"地裂变新客户。社交关系的闭环式运营如下图所示：

社交关系的闭环式运营

8. 从卖产品转化成卖文化，从卖文化到卖内容

社交软件使用率的不断上升，使各类型的信息可以无孔不入地渗透到人们的日常生活中。而传递这些信息的载体并不是社交软件，而是使用这些社交软件的家人、朋友、同事、同学、邻居、客户等，这些信息自发布之日起就有着信任的加持，很容易走入每一个关联人的内心，消费进入一个新的认知时代。

在这个认知时代，感性消费似乎更加"理所应当"。社交模式下，消费品信息往往由人们非常信任的人传递出来，而人们往往也具备尝试使用该消费品的基础条件，于是在攀比心理、好奇心理等心理因素的作用下，人们就容易开启新的消费体验，而这种消费体验重构出一个新的消费环境。

因此，处于新时代的商家，都需要转型，给产品"穿上一件华丽的文化外衣"，但仅仅有"华丽的文化外衣"还不够，因为渗透性不够强，还需要将这些文化融入消费者的认知，让消费者在生活的方方面面都能够感受到产品内容的存在，让产品内容与消费者产生多频次的交互，如此才能够让产品内容影响消费者的认知，让消费者认可产品及其文化，从而实现产品的持续性购买。

9. 添加社交元素，增加消费者黏度

社交店商模式运营中应注意添加社交元素，以增加消费者黏度，实际操作思路可参照下表：

添加社交元素以增加消费者黏度的思路

序号	思考角度	详细描述
1	硬装方面	● 轻装修、重装饰。 ● 总体装修风格要符合当前以及之后相当长一段时间的流行趋势。 ● 店面的装修风格与品牌定位、主体产品、主营业务应相协调，避免产生违和感。 ● 店内的氛围与店面的性质、风格应一致，否则会失去个性，影响形象。 ● 应考虑到顾客的偏好和敏感程度，让顾客能够产生一见如故和轻松、愉快的感受。 ● 创造能够凸显产品、服务的主题场景。 ● 其他方面

续表

序号	思考角度	详细描述
2	软装方面	● 多创造能够配合店面硬装主题场景的软装内容。 ● 软装的内容应易于调整。 ● 货柜、陈列架、展台可以做成自由移动和自由拼接的模式,让消费者每一次进店都有一种新鲜感。 ● 货柜、陈列架、展台、吉祥物可以做成能够勾起消费者合影意识的形态或姿势,从而促使消费者在与上述物品合影后将店面宣传出去。 ● 背景墙可以单独留出一块区域,让消费者将自己的照片、心情、愿望、需求、交友信息等内容展示出来,并要给其他消费者留出"跟帖"的空间。 ● 其他方面
3	道具方面	● 道具一定要和店面的主体场景相协调。 ● 道具一定要能够与具体的产品、服务相融合。 ● 道具一定要具备可合影点,如合影板、摆拍墙。 ● 道具闲置时应可以作为装饰品
4	活动方面	● 活动内容具备传播性。 ● 活动内容能够裂变。 ● 明确活动的目标是维系老客户还是裂变新客户。 ● 活动的内容应尽量简单。 ● 让客户能够通过活动方便地找到你。 ● 活动内容应能够让客户主动联系亲朋好友帮忙。 ● 其他方面
5	互动方面	● 要经常与客户进行线上互动。 ● 要经常与客户进行线下互动。 ● 要学会将线上的互动内容"拿到"线下进行活动。 ● 要学会将线下的互动内容"拿到"线上进行活动。 ● 朋友圈要给客户留出互动的空间。 ● 在给客户朋友圈内容进行评论时,要给对方回复你的机会。 ● 其他方面

序号	思考角度	详细描述
6	氛围方面	● 设计留言板，如"请写下一句话，留给下一位到来的朋友"。 ● 设计照片签名墙，如将客户来店消费的照片展示在店面之中，并请对方在照片背面留下一句话。 ● 营造轻松、便捷、舒适的店内环境。 ● 客户在店期间应多关怀客户。 ● 其他方面

10. 社交店商的五大中心

社交店商在实际经营过程中有一点需要特别注意，那就是要以实体店、客户、产品、社交软件、内容为中心开展所有的运营活动。

因此，店面经营者需要针对这五大中心的各个细节进行剖析，然后将剖析的结果融入店面经营和营销的各个环节，融入客户的日常生活，再借助社交软件不断传播，以此潜移默化地影响社交软件内的客户认知。

社交店商模式运营的五大中心内容，可以参照下表：

社交店商模式运营的五大中心内容

序号	中心内容	详细描述
1	以实体店为中心	以实体店的有效商圈半径为中心，深度开发和服务中心内的客户群体
2	以客户为中心	以客户的功能需求、文化需求、内容需求为中心，有针对性地开发产品、传播产品、服务客户
3	以产品为中心	以每一个产品为中心，设计相应的销售场景
4	以社交软件为中心	以现阶段流行的社交软件为产品信息、活动信息载体，以便影响更多客户、维护所有客户
5	以内容为中心	根据店面经营者自身特点、行业专属特点、产品属性特点、企业文化特点、营销活动特点等，创作相应的传播内容，让短小精悍的内容迅速击中人心，直达消费诉求

11. 社交型产品研发公式

企业的研发部门在进行产品研发时会经历很多环节，这些环节之中有很多内容对于消费者而言极具吸引力，但是研发人员往往容易将这些内容忽略掉，从而只将一个具备功能属性的产品交付给销售终端，而销售终端"拿到"产品之后，只能根据产品的表象功能以及客户的用后反馈来进行产品的介绍，这种售卖方式会浪费很多营销机会。

这是因为消费者对于产品的认知需求，已经不再是对产品表象信息的了解，而是更深层次的了解，比如这个产品的原料、原料产地、产地的优势、产品的优势、产品有什么技术含量等，总而言之，消费者渴望了解产品成型过程中的每一个细节。

为了让商品的价值最大化地展现在消费者面前，笔者建议企业采用下表所示的两套公式进行产品研发：

社交型产品研发公式

序号	公式内容
1	有形产品＝产品＋包装＋价值点提炼＋传播内容＋活动形式
2	无形产品＝产品＋价值点提炼＋传播内容＋活动形式

12. 新时代店面的双圈思维

现代实体店经营的两个商圈，一个是物理层面的实体商业经济圈，另一个是社会化营销带来的粉丝社交商圈。双圈立体化运营，才能够"釜底抽薪"式地解决新时代实体店的经营困扰！

13. 社交店商模式"整合"日趋碎片化的消费习惯

随着各种城市中心商圈、城市副中心商圈、街道商圈、社区商圈等的不断出现，商圈在地理位置方面越来越碎片化，顾客的选择无限增多，顾客的分流愈加明显。

再加上在移动互联网时代，每个人都是移动终端，每一个移动终端都是一个信息源，都是自媒体，都是商品流通的传播渠道。各种新媒体与传统媒体的组合，让消费者的专注力不断分化，这使消费者的消费行为在需求、地点、时间上都出现了碎片化的趋势。

面对此种情况，新时代的店面经营者需要充分利用社交店商模式的特点，以实体店经营为中心，深度开发有效商圈半径内的客户群体，同时运用最新的主流社交软件进行实体店所有经营信息的传递，如此才能够让身处某一地理区域内的客户群体同时收到来自线上、线下的信息，让消费习惯日趋碎片化的客户充分接收商品信息。

14. 引流型产品设计思维

无论是新开业的店面还是经营了很长时间的店面，都需要具备持续"造血"功能，即除了要实现客户的不断复购外，还需要通过不断创造引流产品来不断地拓展新客户，如此才能够让门店始终处于火爆销售的状态。

基于上述情况，笔者建议企业在进行引流型产品设计时参照下表所示的设计思维：

引流型产品设计思维

序号	设计思维
1	市场对于产品没有认知障碍
2	创新型的引流产品要极具好奇心驱动力
3	消费者认知价值远超市场价格
4	产品属性明显区别于市场上其他同类产品
5	简化消费者购买流程
6	能够为店面其他产品提供曝光的机会

15. 新时代实体店优势属性

新一代的消费者虽然已经拥有非常便利、多样的消费手段，但是其依旧会"逛街"，因为这一代的消费者在购买商品时，已经不再以满足需求为第一考虑要素。在同质化产品时代，许多品牌生产的商品都可以满足消费者的需求。

因此，消费者的诉求式消费减弱，随之而来的是消费者不断探索和追求的消费新体验，这让消费的过程享受成为首要考量因素。新时代的实体店如果想脱颖而出，就必须和新时代消费者的消费诉求同频。

新时代实体店优势属性的具体设计思路，可以参照下表所示的内容：

新时代实体店优势属性设计思路

序号	优势属性	属性解读
1	安全性	能够给消费者带来"跑得了和尚跑不了庙"的安全感
2	体验性	能够让消费者亲身体验产品、服务的功能特点
3	参与性	能够让消费者参与到店面的活动、加工、设计等之中
4	即时性	能够第一时间让消费者拿到商品、体验到服务,而不需等待
5	争鲜性	能够让消费者第一时间感受到新商品、新服务、新活动、新加工、新设计
6	情感性	能够让店面经营者与消费者之间基于商品、服务建立除交易之外的联系
7	社交性	能够满足消费者现有圈层的社交需求及结交新朋友的需求

16. 消费者需求在实体店中的演变过程

虽然消费者身处同一个消费时代,但是在不同的地理区域,消费者的消费诉求并不一定一样,因为有些地方的消费水平走在时代的前沿,有些地方的消费水平则比较落后。

商业经营者需要在掌握同一时代不同区域消费水平的前提下,有针对性地制订不同地理区域的消费引导策略,如此才能够真正地将消费者需求在实体店中的演变过程转化成自身的营销参考。

消费者需求在实体店中的演变过程,可以参照下表所示内容:

消费者需求在实体店中的演变过程

演变阶段	演变节点	节点解读
第一阶段	功能需求	追求商品、服务本身具备的功能特点,以此来满足自身当下的需求
第二阶段	品牌需求	消费者通过对于品牌的认知来盘点某些商品、服务本身具备的功能,判断其是否能够更好地满足自身当下的需求
第三阶段	体验需求	在品牌林立的时代,商品的功能优劣难辨,消费者希望通过自身的实践来判断商品、服务本身具备的功能能否很好地满足自身当下的需求
第四阶段	参与需求	随着个性化时代的到来,消费者除了希望商品、服务本身具备的功能能够满足自身当下的需求之外,还希望能够拥有具备自身属性特点的差异化商品

续表

演变阶段	演变节点	节点解读
第五阶段	分享需求	消费者除了希望商品、服务本身具备的功能能够满足自身当下的需求之外，还希望商家能够推出具备分享特点的商品，以此来彰显自身的与众不同
第六阶段	效益需求	每一个消费者的背后都拥有一个有相近消费需求的圈层，消费者希望自己给商家进行客户的转介绍时能够获取相应的收益

17. 私有化消费者"资产"

新时代的店面经营者不能仅仅把消费者当作自己售卖商品的对象。其实，消费者拥有许多尚未被开发的"资产"，这些"资产"中的任何一项，都能够极大地推动店面的经营与发展。

如果店面经营者能够很好地运营社交店商模式，将消费者的"资产"私有化，店面的发展将会取得令人意想不到的效果。

对于新时代的消费者来说，他们拥有的有助于店面经营和发展的"资产"至少包括下表所示的几个方面：

消费者"资产"详解

序号	消费者"资产"
1	持续来店消费的资金
2	拥有同样消费需求的客户群体
3	开拓市场的能力、渠道
4	更新商品、服务的建议能力
5	创建新店的综合能力
6	创作营销内容的能力
7	为商品、服务代言的潜力
8	成为自媒体人的能力
9	其他方面

18. 社交店商的十一大经营特点

社交店商经营模式下的实体店，与传统经营模式下的实体店有很多方面的不同，这些与众不同的"点"虽然也被许多的传统实体店所应用，但是拼凑起来的"点"很难发挥出"浑然一体"的"面"的威力。

对于这些与众不同的经营特点，可以参照下表所示内容，结合自身经营的业态特点，进行整体性的特色化设计，让"浑然一体"的"面"发挥出应有的价值：

社交店商的十一大经营特点

序号	特点	详细介绍
1	店内环境Wi-Fi化	店内设置无线网络，方便消费者来店使用
2	商品展示无线化	将商品展示在朋友圈以及门店的线上商城
3	商品体验真实化	让消费者在实体店中充分地体验商品、服务
4	交易互动线上化	在微信及线上商城完成商品的交易互动
5	经营管理数据化	所有的经营数据全部可以通过收银系统清晰地被看到，这有助于店面分析经营数据
6	商品服务上门化	店面经营者可以上门为消费者提供商品、服务
7	交互动作情感化	店面经营者可以通过各类型的社交软件与消费者互动交流，以此进行一对一的客户维系
8	满足需求个性化	店面经营者可以依据消费者的个性化需求提供相应的支持服务
9	店面运营移动化	店面经营者只要拿着手机，就可以随时随地地利用运营号进行店面的运营
10	商品介绍内容化	店面经营者将商品的介绍信息设计成一段段文字内容，通过各类型的主流社交软件进行信息传递
11	案例展示身边化	店面经营者需要做的就是将每一个来店的受益者都"打造"成案例，然后通过自媒体传播出去，让每一个观望者都能看到身边人的收益

第二节　用新时代的工具解决新时代出现的问题

一、招商

（一）招商部部门职能

招商部部门职能如下表所示：

招商部部门职能

职能名称	详细内容
招商拓展	● 制订全国市场招商规划和月、季、年度营销方案及费用预算，并分阶段拓展目标、实施方案和执行策略。 ● 招商类网站信息收集与筛选，与合适的网站合作。 ● 不断完善招商体系，设定合格加盟商的基本条件。 ● 策划招商活动，定期组织、举办招商会。 ● 组织各区域招商经理与意向加盟客户洽谈、沟通，权衡比较并选择合作对象，做好合同的签订、履行与管理工作，监督好合同条款相应的应收账款项目催收工作
展店协作	● 与营建部、培训部、督导部等共同为加盟商提供全过程跟踪服务
部门管理	● 制订部门发展计划，负责本部门员工培训、晋级、奖惩、调整等工作

（二）招商人员必备技能

对于采用了加盟模式的连锁企业而言，负责招募加盟商的部门可谓连锁企业版图扩张的重要一环，有些企业将这个部门叫作招商部，也有些企业将这个部门叫作授权中心，无论名称或定义如何，其主要的工作职责是基本相同的。

对于这个重要的部门而言，如果想实现价值最大化，就需要强化招商人员的综合能力。招商人员需要掌握的诸多能力中，笔者着重强调下表所示的几个方面的能力：

招商人员必备技能

序号	能力	详细描述
1	社群运营能力	招商人员在与潜在加盟商电话沟通建立联系之后，需要第一时间将这些潜在加盟商转化成微信好友，让潜在加盟商在招商人员的微信朋友圈中看到项目的多维度状态。招商人员也可以通过微信朋友圈潜移默化地影响潜在加盟商，也可以主动用微信自带的功能去维系潜在加盟商，以此为将来的成交打下基础

续表

序号	能力	详细描述
2	沟通能力	自拨通电话的那一刻开始,直到潜在加盟商正式签署加盟合同,招商人员与潜在加盟商之间的沟通都不会断开,没有一定的沟通能力,就不能够将项目介绍清楚,就不能够了解潜在加盟商的需求,就不能够有效地应对潜在加盟商的各种问题,更不能够完成最终的成交行为
3	应变能力	无论是成熟的加盟项目还是发展中的加盟项目,招商人员在招商过程中都会被问及一些之前从未遇到过的问题,因此,招商人员必须具备一定的应变能力,否则潜在加盟商就会认为这个项目有问题,从而阻碍最终的成交
4	抗压能力	招商的过程就是销售的过程,在销售过程中,不可避免会被拒绝,而每一次被拒绝都需要招商人员进行心态的调整。招商人员一天可能需要电话沟通100多个潜在加盟商,这100多个电话,有可能95%都在拒绝声中被挂断。因此,招商人员如果没有一定的抗压能力,就很难适应这样的一份工作
5	书面表达能力	招商人员在实际工作过程中,有时候需要用文字给客户介绍项目,这个时候,如果招商人员没有一定的书面表达能力,就很难将项目介绍清楚,也很难回复客户的疑问。除此之外,招商人员可能还要给客户制订招商方案,如果不具备一定的书面表达能力,招商人员就很难创造更优秀的业绩
6	学习能力	加盟项目会随着市场的不断变化而不断地改变项目的宣传信息、活动政策等内容,这个时候就需要招商人员能够快速地学习这些内容,然后将这些内容有效应用于招商工作之中。除此之外,招商人员还需要努力向每一个沟通过的潜在加盟商学习,以便让自己能够更懂潜在加盟商的心理
7	问题处理能力	招商过程中会遇到潜在加盟商反馈的各种问题,比如潜在加盟商参观了加盟店之后觉得项目不好;尝试了店内的产品后觉得产品需要改进;项目的人均消费太高,计划开店的区域可能消费不起;加盟合同签约之后想退款……类似这些问题,都是潜在加盟商给招商人员出的难题,面对这些问题,招商人员必须有一定的问题处理能力,否则,上文所述的每一个问题都可能阻碍成交

续表

序号	能力	详细描述
8	价值塑造能力	同样的一个产品，同样的一个项目，有的招商人员可以在介绍中让潜在加盟商激情满满，有的招商人员却会在介绍中让潜在加盟商放弃这个项目。其中最重要的一个原因，就是招商人员不懂得如何进行价值塑造，不懂得如何针对潜在加盟商的真实需求进行价值塑造，从而让潜在加盟商悄然离去
9	情绪管理能力	招商人员在与潜在加盟商沟通时，可能会遇到不友善的回复。面对这些情况，有些招商人员可能会控制不住自己的情绪，然后与对方展开"口水战"。但是有些招商人员却能够及时控制情绪，和颜悦色地去开启新的招商征程。换个角度思考下，潜在加盟商之所以如此表现，很有可能是因为招商人员在对方最着急、忙乱、愤怒的时候给对方打电话，引来了无名火。所以，招商人员在面对此种情况时，可以多从这个方面去思考，及时控制自己的情绪，提高自己的招商成交率
10	演说能力	招商人员的工作不一定全在办公室展开，很有可能会出现在展会现场、沙龙现场、餐桌会议现场等场所。在这些场所进行项目介绍时，需要招商人员具备就地演说能力，否则就会浪费掉这个招商机遇
11	洞察能力	招商人员在与潜在加盟商进行面对面沟通时，必须拥有一定的洞察能力，如此才能够迅速地判断出对方对项目的哪些方面更感兴趣，判断出对方的投资能力如何等。招商人员的洞察能力在招商环节中起着举足轻重的作用
12	社交能力	如果招商人员的潜在加盟商数据只是企业提供的咨询数据，那么他一定会丢掉许多潜在加盟商。招商人员平时完全可以通过自己的社交圈层，利用移动互联网的社交软件，去开拓更多潜在加盟商。基于这些被开发出来的数据信息开展的招商工作，往往成交率会较高，因为这些潜在加盟商会基于对你的信任快速做出加盟的选择

（三）社交型招商新应用

对于连锁企业而言，无论处在什么类型的行业，不论产品的经营形态如何，在开放加盟之后，首先加盟这个项目的主流群体，一定是这个项目的消费者，而这些消费者多数是店面的老客户，因为这些群体看到了这个店面真实的经营状态，体验过这个店中各种类型的产品后对这个店有了很强的信任感。

因此，这个品牌连锁店的主流加盟商，一定是这个项目的消费者。采用了社交店商模式的连锁企业，可以将消费者的价值最大化，因为社交店商模式可以帮助单店在很短的时间内挖掘出单店商圈半径内的有效客户群体，并且能够在很短的时间内增强消费者与门店之间的黏性，还能够通过这些消费者的社交媒介，不断地去影响这些消费者身边的人群，这些人群之中一定不缺乏想创业的人。

社交店商模式给单店发掘了大量的精准客户，给品牌方带来了精准的潜在加盟商。对于加盟连锁的品牌方而言，接下来需要做的事情，就是从这些消费者中筛选出潜在的加盟商。

在筛选这些潜在的加盟商之前，"盟主"方还需要设计一个招商激励机制，这个激励机制并不是给"盟主"方的招商经理使用的，而是用来激励各个终端门店的，在这些终端门店中，其负责人有的可能是直营商，有的可能是加盟商，但无论是直营商还是加盟商，"盟主"方都应设计出相应的激励机制。当然，给直营商的激励可以相对弱一些，给加盟商的激励可以较强。

对于加盟商而言，一般情况下，他们的主要营收项目就是客户来店购物产生的收益，除此之外没有其他收益来源。如果"盟主"方能够将这部分的激励传递给加盟商，那他们一定会非常有动力地去实施招募工作。对他们而言，这些潜在的加盟商如果自己不招募，总部也会通过其他方式招募，只不过招募成功后自己没有任何利益。"盟主"方一定要善加利用加盟商的这种心态。

对于"盟主"方给予加盟商的招商激励，可以从如下两个返利角度思考：

第一个角度是加盟金的一次性返利，这个一次性返利可以是固定的额度，也可以是加盟金一定的比例。

第二个角度是单店营业额一定的比例，以此来让成熟的加盟商与新加盟的成长型加盟商"捆绑"在一起发展。

但是，在给予加盟商激励时，一定要让加盟商清晰地知道哪些项目是可以返利的，哪些项目是不能返利的，不建议返利的项目如下表所示：

给予加盟商激励时不建议返利的项目

序号	项目	项目解读
1	加盟意向金	意向加盟商已完全认可"盟主"提供的加盟连锁项目，但没有签署加盟连锁合同，又希望"盟主"能够为自己预留一段时间相应的商业区域，在满足加盟商诉求的同时，"盟主"为了保障自己的商业权益不受损失而向加盟商收取的费用
2	特许权使用费	又称权益金、管理费等，指的是加盟商在经营过程中按一定的标准或比例向"盟主"定期或不定期支付的费用。它体现的是"盟主"所拥有的品牌、专利、经营诀窍、经营模式、商誉等无形资产和有形产品的特许权价值
3	市场推广及广告基金	由"盟主"按加盟商营业额或利润等的一定比例或某固定值向加盟商定期或不定期收取的费用组成的基金，该基金一般由"盟主"统一管理，或由"盟主"和加盟商共同管理
4	履约保证金	加盟商签订合同后缴纳给"盟主"的保证金，是加盟商保证遵守所签合同条款的押金
5	品牌押金	又称为品牌保证金，是加盟商在签署加盟连锁合同时向"盟主"缴纳的有关品牌的费用
6	货品保证金	加盟商在订购货物时向"盟主"缴纳的非货物价款的费用。一般"盟主"可根据实际的货物数量和价值确定货品保证金的收取额度
7	培训费	"盟主"对加盟商进行培训时收取的费用
8	受训保证金	"盟主"为了保证加盟商能够全身心地学习新项目预收取的一笔费用。这笔费用一般在加盟商完成相应的考核之后会被无息退还
9	加盟连锁转让费	在加盟连锁合同未到期时，加盟商放弃该加盟连锁店并将其转让出去，需要缴纳给"盟主"的费用
10	合同更新费	加盟商在加盟连锁合同到期时，如果要续签合同，那么，需要在加盟连锁正常费用之外另行缴纳合同更新费

续表

序号	项目	项目解读
11	设备费	加盟商向"盟主"支付的由"盟主"代为购买或提供设备的费用
12	原料费	加盟商向"盟主"支付的由"盟主"代为购买或提供原料的费用
13	产品费	加盟商向"盟主"支付的由"盟主"代为购买或提供产品的费用
14	装修费	加盟商向"盟主"支付的由"盟主"为加盟商进行店面装修而产生的一系列费用
15	软件使用费	"盟主"向加盟商收取的软件使用费,如收银软件、拓客软件、ERP软件等的使用费用

挖掘门店的潜在加盟对象时,可以采用如下几种方式:

挖掘门店潜在加盟对象的方式

序号	挖掘方式
1	在店门上添加招商咨询电话
2	在产品、礼品、赠品的包装上添加招商咨询电话
3	在前台收银处添加招商咨询电话
4	在店内其他有助于信息展示的地方进行招商咨询信息的展示

除了上表所示的方式之外,对于采用社交店商模式的单店而言,还有一个非常重要的招商方式,那就是利用门店的运营号进行项目的展现。运营号内具体的展现内容可以参照下表所示的内容:

招商时运营号内容发布要点

序号	总类别	分类别
1	产品要素	多品类产品
2		单品类产品各角度
3		不断推出的新品
4		产品生产加工过程
5		产品关联的专利
6		产品受欢迎程度
7		产品的客户反馈

续表

序号	总类别	分类别
8	店面要素	店面设计形象
9		店面真实情况
10		店面不断创新的元素
11	企业管理者要素	企业高管的综合影响力
12		企业管理者的工作状态
13		企业服务人员的综合服务能力
14	企业荣誉要素	新获得的企业荣誉
15		过往的荣誉回顾
16	单店业绩要素	新店面开业的生意状态
17		老店面日常运营状态
18		店面经营者的工作状态
19	加盟要素	来公司考察人员的实时动态
20		商务洽谈沟通场景
21		合同签约场景
22	培训场景	理论培训场景
23		实操培训场景
24		考核现场场景
25		毕业典礼场景
26	其他方面	能够正面展示加盟项目信息的其他方面

在完成上述内容的布局之后，总部还需要重点注意下表所示的几点内容：

招商时总部应注意的要点

序号	注意要点
1	终端门店的人员，无论是店长还是普通的店员，都不能直接参与加盟商项目信息的介绍，最正确的做法就是将潜在加盟商的联系方式收集起来，然后及时反馈给加盟连锁总部，由专业的招商人员负责信息的跟进工作。当然，加盟连锁总部也可以为加盟店设计一些特殊的话术，以此来进一步促进招商工作的顺利开展，话术的要点有如下几个方面： ● 单店的投资额度。 ● 单店的生意状况。 ● 总部的支持方面。 ● 项目的入门方面。 ● 其他方面

续表

序号	注意要点
2	加盟总部一定要及时地给推荐成功的门店返利，这种返利工作不需要遮遮掩掩，应该光明正大地进行，还要大力鼓励加盟商开展类似的工作
3	加盟总部一定要让提供潜在加盟商信息的加盟商有安全感，此处的安全感重点指提供潜在加盟商跟进情况信息，以及清晰界定返利归属

二、营建：无间断输出更实用

（一）营建部部门职能

营建部部门职能如下表所示：

营建部部门职能

职能	详细内容
营建管理	● 依据招商部、直营部提供的单店信息制订营建规划，然后分阶段拓展目标、实施方案和执行策略。 ● 建立门店选址模型，进行单店选址以及商铺签约。 ● 完成直营店、加盟店门店选址、装修、办证、试营业等工作，并形成标准化作业手册。 ● 指导营建经理协助店长进行以下工作：招聘、培训；设备、物料进场；店面布置、产品进货陈列、氛围营造；试营业调整
展店协作	● 与招商部、培训部、督导部等一起为加盟商提供跟踪服务。 ● 协助招商部完成招商工作。 ● 督促加盟店参加培训
营销职责	● 负责规划、实施加盟店首批铺货工作
部门管理	● 制订部门发展计划并对本部门员工培训、奖惩、岗位调整等工作提出建议

（二）营建人员必备技能

营建人员主要负责单店硬件方面的输出，包括指导加盟商选址、装修、办证、人员招聘、协调培训、物料采购、设备定制、产品采买等。这些工作内容比较多，时间重合度比较高，如果营建人员不具备相应的能力，很容易影响新店面的整个筹建工作。

在营建人员的诸多能力中，下表所示的几个方面的能力尤为重要。

依据下表，营建人员能够迅速找到自己的提升方向。

营建人员必备技能

序号	能力	详细描述
1	统筹管理能力	营建人员在指导加盟商进行店面筹建的过程中，会涉及公司很多部门的工作内容、其他渠道的工作内容，以及其他方面的琐事。面对繁杂的工作内容，如果营建人员不具备统筹管理能力，很容易造成事件遗漏、时间点协调出现冲突等情况，从而导致店面筹建时间变长
2	指导选址的能力	营建人员给加盟商提供的第一项支持，就是指导加盟商选址。单店地址对于店面而言至关重要，如果营建人员不具备丰富的选址经验，就很容易影响店面日后的生意
3	指导装修的能力	单店在装修过程中会遇到很多方面的问题，比如如何寻找、选择装修公司，如何实现快速装修，如何保证装修质量，如何验收装修效果等，如果营建人员不具备指导装修的能力，就很难支持加盟商的发展
4	指导招聘的能力	加盟商新店开业前很多时候会遇到招聘的问题，对于加盟商而言，他需要知道招聘、面试、薪资、激励等方面的内容，如果营建人员在这些方面不具备指导加盟商的能力，单店就难以开业
5	沟通能力	营建人员与加盟商打交道的时间虽然不长，但是需要与加盟商沟通的事情却非常烦琐，这个时候，如果营建人员不具备良好的沟通能力，就很容易造成信息传递错误，产生矛盾
6	协调能力	营建人员在协助加盟商进行店面筹建时，需要许多部门共同配合，比如招商部、培训部、物流部、财务部、企划部等，如果营建人员不具备一定的协调能力，就很容易造成事情衔接断档、拖沓等不良情况
7	证件办理能力	营建人员需要清楚绝大多数地方办理各类型证件的流程、要点以及材料明细，这是推进加盟商迅速开店的基础。如果营建人员不具备这方面的能力，就会严重地影响店面正式开业的时间

续表

序号	能力	详细描述
8	信息收集能力	营建人员在指导加盟商进行店面筹建的过程中，可能会出现不必要的误解，为了避免这些误解给总部带来当下、未来的麻烦，营建人员一定要学会给每一件事情留下相应的凭据，以备日后有据可依。除此之外，营建人员还需要及时地收集、整理在店面筹建过程中的各项工作流程、要点，以备完善营建服务模式时使用
9	合同审阅能力	营建人员在指导加盟商筹建店面的过程中，需要指导加盟商签署店面租赁合同、商铺装修合同。对于这两份合同，营建人员需要具备指导签署此类合同的能力
10	问题处理能力	单店在筹建过程中会出现各种各样的问题，这些问题有些是"盟主"的问题，有些是加盟商的问题，还有一些是第三方的问题，无论是哪一方的问题，加盟商往往都会认为这些问题来自"盟主"。面对这种情况，营建人员就需要具备问题处理能力，及时将问题处理掉，以免影响单店的筹备进程

（三）店面硬件输出思维角度

营建部在整个加盟连锁体系输出过程中处于最前端。很多加盟连锁企业虽然在体系输出的过程中成立了营建部，也意识到了营建部的重要性，但是在具体实施单店营建工作时还是出现这样或那样的问题。因此，下面从营建部对单店提供支持的"服务内容""服务方式"以及"起点与终点"三个方面进行介绍。

1. 服务内容

营建部为单店提供的服务支持内容非常多，虽然行业、产品等会略有差异，但是基本上都遵循这样一个原则，那就是"从无到有"，比如选址、装修、办证、招聘、器材进店、设备调试、产品陈列等，一直到店面正式开业。

在营建服务过程中，营建部需要依据工作内容的时间先后顺序，将工作内容合理地安排至单店筹建日程表之中，然后依据此店面的人员配置情况合理地进行工作内容的分配。

2. 服务方式

很多加盟连锁企业的营建部在为单店提供支持服务工作时经常会出现两个极端。

第一个极端是"应付了事"。以店面装修为例，营建专员只是将店面的《SI手册》发给单店营运人员（单店的店长，或者是加盟店的加盟商），让他们自行寻找装修公司，让装修公司按照《SI手册》中的装修效果图出具施工图，然后直接进行店面的装修工作。如果按照上述的情况进行，经常会造成店面的装修工作反复返工，而总部与单店之间的"裂痕"也会因此而形成。因此，营建部需要指导单店选择装修公司、审核施工图等，这些工作对于一家新开的店来说是至关重要的。

第二个极端是"亲力亲为"。比如，总部在单店营建过程中总是习惯性地"眉毛胡子一把抓"，久而久之，营建部就演变成了单店营建过程中的"救火队员"：哪里需要往哪里奔。如此做虽然能够完成一般的直营店店面的营建工作，但是对于加盟店来说就非常棘手了，因为加盟店开店的时间往往比较集中，区域分布又比较零散，从长远角度来看，这种做法无疑会严重制约加盟连锁企业的拓展。

在笔者看来，上述两种错误做法的核心原因有二：其一，没有搞清楚加盟连锁总部营建部在展开营建工作时的服务方式；其二，没有将相关的工作内容体现在相应的手册之中。根据笔者多年的连锁特许经营管理培训经验，笔者将营建部的工作内容总结为八个字，即"指导、协调、督促、检查"，企业只有严格地按照这八个字来开展营建工作，才能切实地保证单店营建工作的顺利进行。那么，这八个字到底是什么意思呢？

"指导"的意思是，营建部在服务工作过程中只需要将相应的工作方式、工具传递给单店营运人员，然后指导单店营运人员具体实施即可。以店面选址为例，营建部人员首先要知道自己所处的行业一般情况下可以利用哪几种渠道快速获得店址，然后将这些获得店址信息的渠道、发布的内容、发布的时间段等经验传递给对方。待对方找到自认为合适的店址后，营建部再将包含十大模块内容的选址打分表发送给对方，让对方按照打分表对自己找到的店面进行综合评分。上述内容是营建部要为单店提供的"指导"服务。

"协调"的意思是，营建部在指导单店开展营建工作的同时，需要做好单店与总部其他相关部门的协调工作，比如说，与总部的培训部协调好具体的培训时间、与物流部协调好产品配送的时间等。这些都是营建部要为单店提供的"协调"服务。

"督促"的意思是，营建部自单店开始筹备的那一刻起，就应该与单店营运人员共同制作出的一张"单店筹备日程表"，然后以此日程表为依据催促单店营运人员保质保量地在既定的时间内完成相应的工作任务，以免因时间问题为单店带来一系列不必要的损失。在单店筹建的时间周期内，笔者建议营建专员每天都要掌握店面的营建进度，然后凭借多年的营建经验给予单店营运人员相应的建议，以便进一步提升单店的营建速度和质量。

何谓"检查"？营建部在负责店面营建过程中需要检查的工作内容特别多，在此，笔者举几个比较典型的例子。第一个例子是营建部在负责加盟店的营建工作时需要实际测量店面的建筑面积，以免出现经营面积与经营类型不一致的情况；第二个例子也发生在加盟店，比如加盟商在进行店面装修时经常会根据自己的喜好而随意改变加盟连锁总部统一的装修风格，从而影响加盟连锁总部的品牌形象。所以，营建部要时刻关注店面的装修进度和实时装修效果，以此来避免加盟商店面装修结束后营建部才发现加盟商没有按照总部的统一要求进行店面装修的情况。虽然这种情况造成的损失一般由相对弱势的加盟商承担，但是加盟连锁总部在加盟商心中专业、负责的形象就会大打折扣，而加盟商也很有可能会在日后的经营过程中用其自己的方式从总部"找回"自己的损失，这正是造成"盟主"与加盟商之间矛盾的主要原因之一。综上，营建部为单店提供的"检查"服务是非常必要的。

3. 起点与终点

单店是支持整个加盟连锁模式的基础元素，对于店面来说，店址无疑是其扩张的首要条件。因此，店址的选择是加盟连锁总部营建部的主要工作之一，也是营建部工作的起点。这个起点对于加盟连锁总部来说意义很大。总部直接选择店址可能是为了拓展直营店面，也可能是为了促进招商工作更好地开展，指导加盟商选址则是为了进一步提升加盟商成功的概率。发展战略不同，选址的意义会有所不同，但是这个工作对于营建部来说是开展工作的第一步。

营建部工作起点比较好确定，但是工作终点各有不同。有的企业将营建部的工作终点界定在店面装修结束后，而象征着营建部工作结束的文件就是"店面装修验收审核单"。有的企业将营建部工作的终点界定在店面试营业之后的3天，单店开门营业、顾客进店则象征着营建部工作的结束。有的企业将营建部工作的终点界定在店面试营业之后的15天，为什么是15天？是因为总部考虑到单店在试营业之后不一定能够将总部的培训内容完全消化并应用到实际的店面营运工作中去，所以用2周左右的时间来进一步提升单店营运成功的概率。

不同的连锁企业因行业不同、规模不同、产品服务不同等，其营建部工作的终点界定也千差万别。虽然上述多种界定方式各有利弊，但是依据实际的情况和笔者多年的试验与研究，以及实际市场的反馈，笔者建议将营建部工作终点界定在店面正式开业之后，原因至少有如下三个方面：

第一，单店开业前交接工作容易导致多方人员权责界定不清。单店在正式开业之前，会有很多方面的调整工作，而这些调整工作主要由营建部负责，因此，我们可以设想一下，如果过早地将单店移交给后续部门即督导部负责，那么单店出现了问题，督导部与营建部、单店就很容易出现"扯皮"现象。

第二，单店开业前交接工作容易导致开业策划方案偏离实际。对于一家新开设的店面来说，开业庆典做得好坏将直接影响店面的经营情况。营建部从指导或帮助单店选址到店面正式营业，周期一般为45天以上，在这段时间里，营建部对于单店所处的商圈、周边人群消费水平和消费习惯，以及单店实际经营人员的特点等都会有相当程度的了解，再结合单店内在、外在的因素，营建部完全可以制订出一份落地性很强的开业方案。而如果督导部在单店开业之前直接接手单店，并为单店提供开业方案，那么该开业方案大概率会存在问题，因为督导部对于单店实际情况的了解远远不如营建部。

第三，单店开业后再交接可以一举三得。营建部为单店提供的支持服务是短期性的，督导部为店面提供的支持服务是长期性的。对于开业前的单店来说，并不需要过多、过深的营运培训，因为这时接受能力是有限的，而营建部在这个时候刚好能够通过初级的指导来帮助单店运营人员快速过渡到下一阶段的营运工作。此种做法既可以缓解督导部的压力,又可以让单店快速步入正轨,还可以让营建部人员获得相应的提成收入,可谓一举三得。

综上所述,"服务内容"可以让营建部人员明确自己实际的岗位职责,"服务方式"可以让营建部人员明确该如何开展自己的工作,"起点与终点"可以让营建部人员明确自己岗位职责的界限,这不但可以显著地提升营建部的工作效率,还可以提升总部整体服务质量。

俗话说得好,"万事开头难",但是只要走好了第一步,就能让后续的每一步走得更扎实、稳定。所以,处于整个加盟连锁模式输出最前端的营建部,其工作需要引起每一个加盟连锁企业的高度重视。

三、培训部:让软性的经验得到有效传递

(一)培训部部门职能

培训部部门职能如下表所示:

培训部部门职能

职能	详细内容
制订培训计划	● 负责收集、整理各部门、直营店、加盟商内部培训计划。 ● 负责加盟商整体培训计划的制订、意见征询、计划的修改与实施
审核培训内容	● 根据各部门、直营店、加盟商的培训计划审核部门内训授课内容。 ● 根据公司整体培训计划审核公司培训的授课内容。 ● 整理所有与培训相关的内容并建立培训档案
实施培训管理	● 根据培训计划安排课时及师资。 ● 制订培训流程,使培训顺利进行。 ● 调控现场秩序。 ● 活跃现场气氛,穿插游戏等活动,提升培训效果。 ● 培训后必有分享,优秀的作品提交给文化中心整理出刊
展店协作	● 与招商部、营建部、督导部等一起为加盟商提供跟踪服务。 ● 协助招商部完成招商工作。 ● 督促加盟商参加培训
部门内训管理	● 审核各部门上报的培训计划(包括课时安排、培训内容、授课人)。 ● 在培训现场给予点评和补充
部门管理	● 制订部门发展计划并对本部门员工培训、奖惩、岗位调整等工作提出建议

(二) 培训人员必备技能

培训人员负责单店软性内容的输出，如单店管理、营销、考核、导购、服务、加工、礼仪、收银等，这些工作内容的主要输出方式就是培训，通过不同擅长领域的讲师、不同的培训方式、不同时长的培训等，帮助加盟商迅速掌握单店经营能力。

在培训人员的诸多能力中，下表所示的几个方面的能力尤为重要。依据下表，培训人员能够迅速找到自己的提升方向。

培训人员必备技能

序号	能力	详细描述
1	现场演说能力	培训讲师主要的授课形式就是现场培训，因此要求讲师必须具备现场演说能力。只有具备了这个能力，讲师才能够将自己需要传递的信息完整、系统地传递出去，否则，讲师一定会因为自己的紧张情绪而遗漏知识点，从而让加盟商的受训效果大打折扣
2	课程设计能力	一般情况下，讲师自己设计的课程内容更方便其发挥，因为设计课程的过程就是整理思路的过程，就是课程最有效的演练过程。所以，讲师必须具备课程设计能力，以保证加盟商最终受训效果良好
3	课件制作能力	独立制作课件可以让讲师更熟悉课件的展现形式、动画效果、逻辑结构等内容，以此来保证整个授课效果，这个能力对于讲师而言属于最基本的能力，却最容易被各个讲师忽略
4	现场控制能力	培训现场无论是几个人还是几十、上百人，都需要讲师具备现场控制能力，因为有些加盟商一上课就容易走神，有些加盟商喜欢抬杠，有些加盟商喜欢不断提问等。无论出现哪一种情况，都会严重影响授课效果。因此，讲师需要具备一定的现场控制能力，以此来保证授课效果
5	持续创新能力	加盟商的提问、互动、发言都可以为讲师提供创新点，讲师需要将这些创新点及时收集上来，然后及时将其融入新的培训课程
6	知识更新能力	时代在发展，市场在变化，项目的产品也在不断更新换代，讲师需要快速学习来自督导部、营建部、加盟商等渠道的新知识，以此来不断完善自己的培训内容

续表

序号	能力	详细描述
7	灵活应变能力	加盟商在培训现场会向讲师提出各种类型的问题,这些问题有的在课件中未提及,有的不在本次的培训范畴,有的属于天马行空的问题。无论是哪一种类型的问题,作为培训现场的主角,讲师一定不能够冷场,一定要迅速给问题一个明确的反馈。如果不具备灵活应变能力,就很容易影响讲师在加盟商心目中的权威性,从而影响加盟商对总部专业度的看法
8	信息提炼能力	无论是培训现场的自由发言环节还是日后的课程研发环节,都需要讲师将授课内容提炼出来,直奔主题地给加盟商进行知识内容的传递
9	氛围调节能力	对成年人的教育不能像教育孩子一样进行,否则就会让听课的加盟商越听越疲惫,因此需要讲师具备氛围调节能力,让每一个加盟商都能够在听课期间兴趣盎然。只有这样的培训状态,才能真正保证加盟商的听课效果

（三）店面软件输出思维角度

在加盟连锁模式输出的第一步,笔者着重阐述了硬件设施该如何输出。在加盟连锁模式输出的第二步,输出方式则主要以培训为主,而此阶段培训效果的好坏,将直接影响到日后加盟商店面实际的经营情况。所以,下面笔者为大家详细解读加盟连锁模式成功输出的第二步到底该如何进行。

在接下来的剖析过程中,笔者将对培训部的精准定位、职责内容、培训模式、讲师分布、时间节点五个方面进行详细解读。

1. 精准定位

实际的调查结果显示,绝大多数加盟连锁企业都给予了培训部一个错误的定位:将企业内部的培训部定位为讲师团队,但凡输出体系所需培训的内容,均由这个"强大"的讲师团队完成。貌似全能的培训讲师,显现出来的却是专业性不够、实用性不强、严重与一线市场脱轨等缺点,从而导致很多加盟商都不愿意参加总部的统一培训,认为此种培训纯粹是浪费时间,事实也基本如此。

基于上述情况，笔者建议加盟连锁企业应首先将培训部定位为统一协调、组织、安排、实施、督促、评审整个培训过程的"教务处"，而不是万能的"讲师团"！

2. 职责内容

"教务处"式的培训部主要负责加盟连锁体系在输出过程中与培训课程、培训讲师、培训模式、考核方式等相关的工作内容。

在培训课程方面，培训部需要负责培训课程的调研、开发、试讲、存档、更新等工作，以确保培训课程的内容具备实用性、时效性、全面性、系统性，从而实实在在地实现"复制成功"的目标。

在培训讲师方面，培训部一方面要负责内部培训讲师的招募、培训、管理、考核、奖惩等工作，另一方面要负责外部讲师的筛选、评审、签约、考核等工作。

在培训模式、考核方式等方面，培训部同样要站在"教务处"的角度进行相关工作内容的制定、实施与监控。

3. 培训模式

为了能够更好地将单店的成功经验复制给加盟商，笔者建议培训部采用"认知培训＋理论培训＋实操培训＋实习培训"的培训模式。

（1）认知培训

所谓的认知培训，是指在正式开始培训之前给予加盟商的一些铺垫性培训，此种铺垫性培训至少包含学习的重要性、企业自身情况以及市场情况三个方面的内容。

将"学习的重要性"排在培训内容的前面，主要是根据实际情况做出的。实际中，加盟商大多已脱离学校，对于学习的重视程度不高，所以总部在对此类人群进行相关内容的培训之前，必须着重强调"学习的重要性"，否则培训的最终效果会大打折扣。虽然此种结果对于任何一方来说都是不愿意看到的，可是一旦出现，大多数加盟商会归咎于总部，认为总部的培训"一文不值"。因此，笔者建议培训部在安排加盟商参加统一培训时，首要的培训内容就是"学习的重要性"！

"学习的重要性"是认知培训模块主要的培训内容之一,除此之外,培训部还要负责安排相关讲师进行企业、市场等模块信息的传递。其目的至少有两个,一个是让每一位加盟商对企业、产品、市场都拥有高度自信,另一个则是让每一位加盟商都能够清晰地认识企业、了解产品、熟悉市场,从而积极参与培训内容的学习以及日后店面的实际运营。

(2) 理论培训

所谓理论培训,是将无须实际动手操作或实际动手操作之前所需熟知的信息内容,通过授课的方式传递给加盟商,如有关工作职责、经验、规章制度等方面的内容。

(3) 实操培训

所谓实操培训,是将实操性比较强的内容通过角色扮演、户外训练、情景模拟等方式传递给加盟商,如有关陈列、礼仪、话术、导购、演示等方面的内容。

(4) 实习培训

实习培训主要由直营部、督导部负责,培训部所需要承担的工作就是将完成上述三项培训内容的加盟商移交给直营部、督导部,由直营部、督导部统一协调安排加盟商到相应的店面实习。

4. 讲师分布

讲师是谁?讲师来源于何处?这两个问题困扰着绝大多数的加盟连锁企业。笔者依据多年的咨询顾问经验,建议连锁企业的讲师团队由专职讲师、兼职讲师、外聘讲师共同组成。

专职讲师是指直属于培训部由其领导,不担任公司其他部门岗位的讲师;兼职讲师是指直属于公司营建部、督导部、人力部、财务部、物流部等职能部门并由其领导,需要依据培训部的培训计划及时为加盟商提供授课内容的讲师群体;外聘讲师则是由培训部通过合同关系聘请的其他公司的负责提供相应模块培训内容的讲师群体。

专职讲师与兼职讲师属于公司的内部讲师,主要分布于公司的各个职能部门,专职讲师主要由培训部的讲师构成,而兼职讲师的分布则比较广泛，如主要负责单店硬件设施输出的营建部、负责单店全面质量管理的督导部，以及人力部、财务部、物流部等其他职能部门。

笔者依据多年的咨询顾问经验以及多渠道的访谈结果，对企业内部讲师分布情况做了剖析，并建议连锁企业在组建、调整公司内部讲师团队时参照下图所示的比例进行相关讲师的抽调、选拔和培训。

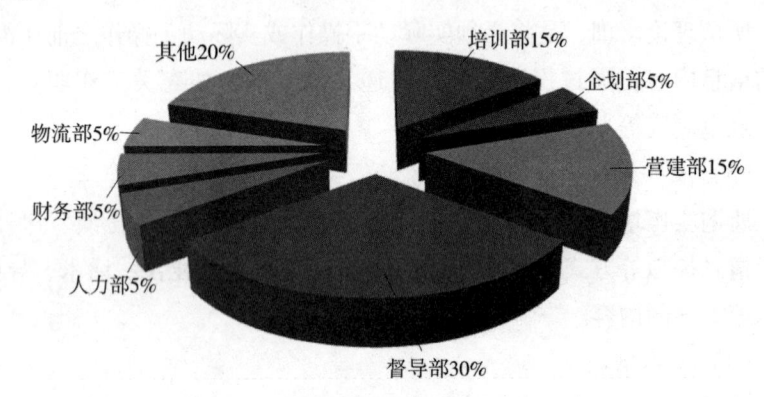

内部讲师分布比例

（其他20%、培训部15%、企划部5%、营建部15%、督导部30%、人力部5%、财务部5%、物流部5%）

通过上图我们可以看出，近50%的内部讲师来自营建部、督导部，其主要原因是这两个部门一直处于服务单店的工作一线，他们更了解单店运营方方面面的情况，尤其是来自督导部的讲师。对于督导部的督导专员来说，其主要的招聘方式就是内部选拔，而主要的选拔对象一般是经营店面比较出色的店长，然后再在这样的一批人中选拔更优秀的成为讲师，他们讲述出来的内容也就更贴合一线，更有利于单店相关人员消化、吸收以及应用。

下面着重解释上图所示的"其他"类讲师，这类讲师一部分来自公司的其他职能部门，一部分来自经营店面非常出色的加盟商。让加盟商也成为公司的内部讲师，其原因有很多，如通过增加加盟商的参与度来加强加盟商对总部的依赖性、加盟商自身的荣誉性，通过加盟商的成功经验分享来提升业绩一般或很差的加盟商的自信以及竞争意识等。

5. 时间节点

对于刚刚加入的加盟商来说，他们需要学习和了解的内容非常多，但是在有限的时间内，每个人对新鲜信息的接受程度、理解程度、应用程度都是有限的。在这里，笔者依据多年服务于连锁企业的经验，给大家提供一个培训节点设置的建议，如下图所示：

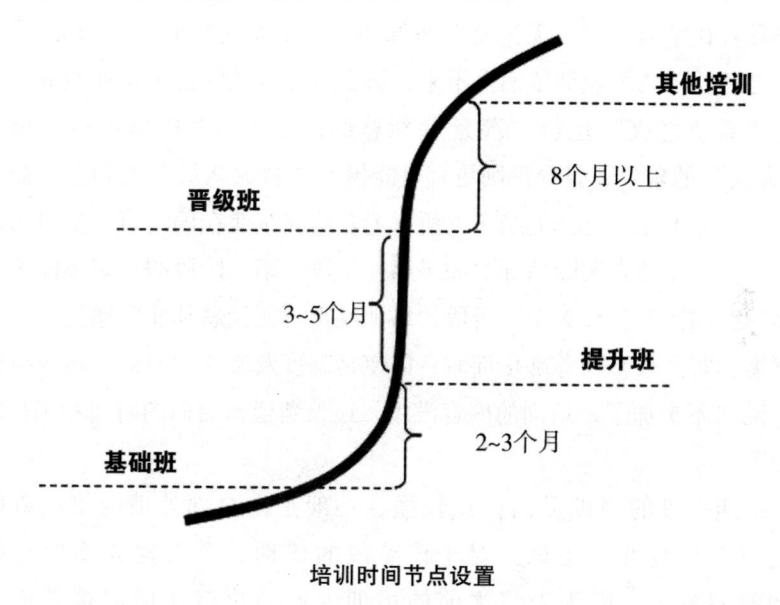

培训时间节点设置

总部的培训部在进行相关信息的培训时，要依据行业、企业的实际情况，合理地将培训内容拆分成2~4部分，分阶段进行，如基础班培训、提升班培训、晋级班培训以及其他培训，以使最终的培训效果最好。

要知道，一蹴而就的培训方式伤害的不仅仅是加盟商。首先，加盟商加盟之后如果无法掌握相关的经营技能，就会造成单店经营业绩始终上不去，而加盟商赚不到钱，总部也就赚不到钱。加盟商赚不到钱，一般就会归咎于总部，认为总部没有支持到位，久而久之，一个非常出色的加盟项目可能就会因为加盟商不断传递负面信息而"日落西山"。

基础班培训一般安排在单店开业之前完成，以保证单店各岗位人员能够在开业之后各司其职，实现单店的基本运营功能。2~3个月之后，单店各岗位人员能够完全应用基础班培训内容时，再对单店各岗位人员进行提升培训，以保证单店快速进入营利阶段。一般情况下，提升班培训的内容需要单店各岗位人员花费一定的时间才能够完全消化，在这里，笔者着重强调一点，就是不要急于安排下一阶段的培训，此阶段的培训内容对于单店来说是一个非常重要的转折点。2~3个月的基础班培训没有让单店营利，无论是加盟商还是总部都可以理解，可是3~5个月之后，单店的业绩依旧上不来，那么首先着急的肯定是加盟商，然而这"着急之火"也会"蔓延"到总部，总部的客服部可能会担当"灭火人"的角色，督导部则更有可能担当"救火队员"的角色，而这些都是大家不愿意看到的结果，所以笔者建议企业在确定第三阶段培训节点时一定要结合实际情况。如果第一阶段、第二阶段的培训不能够有效地帮助加盟商，那么第三阶段的培训就很可能让总部非常尴尬，总部在召集加盟商来参加总部培训时，即使是态度友好的加盟商，也很可能回复说"不参加了，培训的内容没用，还浪费经营店面的时间和来往的车费"。

　　第四阶段的培训灵活性比较强，一般是由总部外请的培训讲师来进行有针对性的培训。对于该阶段的培训，个人建议不要让新的加盟商参与，因为未将之前的培训内容消化就让他们接受更深层次的培训，只会增加其学习负担。这无疑与总部实际的出发点相去甚远。

　　综上所述，我们可以看出，加盟连锁模式的输出不是培训部一个部门的事情，而是需要总部各个职能部门共同参与才能顺利完成的事情。这一点看似简单，但现实情况是，大多数连锁企业将加盟连锁模式输出这一工作全权移交给"万能"的培训部。对于出现此种情况的企业，笔者建议尽早做出调整。

四、督导：资源价值持续增大

（一）督导部部门职能

督导部部门职能如下表所示：

督导部部门职能

职能	详细内容
运营督导	●根据市场需要、体系需要合理、科学地制订督导规划，分阶段拓展目标、实施方案和执行策略。 ●定期、不定期地探访加盟店和直营店，并做出实质性指导、支援，纠正加盟店和直营店的不良做法，现场指导并解决营运上存在的问题。 ●从法、商两个主要方面确保所有实体店营利最大化，认真总结体系内实体店的成功经验和失败教训。 ●维护市场秩序，重点监控价格体系，杜绝假冒伪劣，协助调解渠道冲突等，保证各单店按照统一化、标准化、规范化要求进行运作。 ●负责帮助加盟店、直营店订立营业计划和改善经营绩效，进行市场分析和营业分析。 ●监督公司总部各项制度在直营店和加盟店的执行情况，如新产品上市的宣传力度等。 ●根据需要给予加盟店、直营店营销、管理、服务等方面的咨询等服务，确保所有实体店的问题在第一时间得到解决。 ●负责维护好总部和加盟商之间的良好关系，监督并确保加盟商严格遵守特许经营的系列合同和约定。 ●负责接收由招商部、营建部移交过来的加盟商信息（如加盟合同等），并统一管理加盟商相关信息
展店协作	●与招商部、营建部、培训部等一起为加盟商提供全过程跟踪服务
部门管理	●不断完善督导体制和考核制度，制订部门发展计划，并对本部门员工培训、晋级、奖惩、调整等工作提出建议

（二）督导人员应该具备的能力

督导部是连锁总部与门店打交道最多、打交道时间最长的部门，这个部门是持续性代表品牌方形象的部门，因此，这个部门的人员都需要具备单店经营的综合能力，在这些能力中，还需要着重强化下表所示的几个方面的能力：

督导人员必备技能

序号	能力	详细描述
1	社交应用能力	社交店商模式下，督导人员首先需要强化的能力就是使用移动互联网中各类社交软件的能力，比如微信、抖音、快手、小红书等。之所以需要强化这方面的能力，是因为客户的拉新、转化、维系、裂变主要依托于社交媒介，而这些软件的应用问题也常常是加盟商咨询的问题，作为店面的"辅导师"，切忌被"学生"问倒
2	培训能力	督导人员随时面临远程培训、当面培训、一对多培训、一对一培训等不同的培训场景，而且，培训内容基本上处于随机状态，因为加盟商向督导人员询问的问题是随机的，督导人员没有备课的机会，所以，督导人员要具备一定的培训能力，而且要熟悉所有的培训内容
3	陈列能力	陈列问题对于单店而言是一个频繁出现的问题，陈列能力也是在店面经营中起支持作用的能力，因此，督导人员在下店前必须具备产品、设备、器材等物品的陈列能力，避免被门店经营者问住
4	卖货能力	对于门店经营者而言，永远都需要强化的能力就是卖货能力。对于督导人员而言，最需要强化的能力也是卖货能力，督导人员不但要能够将商品销售出去，还要能将销售过程分解给单店经营者，使其能够从中学习到新的售卖思路
5	收银处理能力	零单销售、会员办理、会员扣费等内容都需要督导人员熟练操作，除了这些基础的操作能力之外，督导人员还需要具备处理收银系统各种问题的能力。督导人员经常会遇到收银方面的问题，所以督导人员必须具备过硬的收银处理能力，以有效指导单店经营
6	招聘能力	督导人员需要能够指导门店经营者进行人员招聘，并能够协助门店经营者解决招聘过程中遇到的问题
7	沟通能力	督导人员服务加盟商的过程，就是不断与加盟商沟通的过程，这就需要督导人员具备很强的沟通能力。在实际的工作过程中，绝大多数的加盟商存在着各种各样的问题，如果不具备良好的沟通能力，督导人员的任何帮扶工作都会大打折扣

续表

序号	能力	详细描述
8	心理辅导能力	许多单店经营者在经营过程中会遇到家庭、工作等方面的问题，这些问题并不是加盟商处理不了，而是在处理过程中、处理之后会留下心理问题，这些心理问题会让单店经营者备受煎熬。督导人员需要具备一定的心理辅导能力，要懂得如何让这些单店经营者将心理压力释放出来，以此来不断改善单店的经营状态
9	店铺经营分析能力	单店无论是经营得好还是经营得不好，都有其背后的原因。督导人员需要懂得依据数据信息对单店的业绩进行分析，分析出这个单店在好的方面做了哪些努力，在不好的方面犯了哪些错误，以此来实现有凭有据的指导，指导单店经营者在经营活动中扬长避短
10	信息收集能力	单店在实际经营过程中有成功的经营经验，也有失败的经营教训。这些内容对于连锁总部而言非常重要，因为连锁总部需要收集每一个门店的成功经验和失败教训，以此来不断地去完善整体的运营策略。而收集、汇总、分析这些信息的工作就落在了频繁与单店经营者打交道的督导人员身上。所以，督导人员在投入工作之前，一定要具备这些方面的能力，以免让总部错过宝贵的经验和教训

（三）督导实战应用要点

督导人员在全程扶持门店的成长过程中，一定要学会有重点、有策略地帮扶门店成长，有些时候，你努力地帮扶门店，门店不一定会听从你的建议，而其他门店的建议则可以让其马上行动起来。类似的情况比比皆是，面对这些情况，督导人员可以参照下表所示的实战应用要点对门店进行有效督导：

督导实践应用要点

序号	应用要点	详细描述
1	经营经验的及时传递	● 让每一个加盟商都添加相应督导人员的微信号。 ● 收集来自各个门店的有价值的微信文案，如图片、视频、案例等，然后分类发送到督导号。智慧取于加盟商，分享于加盟商。对提供该信息的加盟商进行信息备注，一方面可以提高信息提供者的积极性，另一方面也容易获得其他加盟商的认可。最重要的是，此种做法还能够大大地减小"盟主"在这方面的创作难度。 ● 督导部深度服务加盟店后，针对一些有代表性的店面撰写鼓舞人心的文案，然后发布到朋友圈之中。 ● 对于公司推出的新品测试、活动测试，可以通过朋友圈进行信息的公开展现，让其他加盟店看到实际的检验效果，通过这些实际的检验效果来影响加盟商对于此类产品、服务的认知，更重要的是让他们建立售卖、宣传的信心。 ● 公司的理念文化、服务标准、未来发展走向等信息，都可以通过微信朋友圈进行潜移默化地传递。 ● 将产品介绍类信息发布到督导朋友圈。 ● 将活动应用类信息发布到督导朋友圈。 ● 将行业介绍类信息发布到督导朋友圈。 ● 将专业知识类信息发布到督导朋友圈。 ● 将其他门店优秀的文字内容、图片内容发布到朋友圈之中。 ● 将门店在日常发布朋友圈过程中所需的各类型文字内容、图片内容发布到朋友圈，以便让店面经营者能够第一时间复制、保存、发布在自己的朋友圈之中
2	直营店长做辅导性督导	● 选择有丰富实战经验的、优秀的店长担此重任。 ● 直营店店长直接隶属于连锁总部，可以更高效地执行帮扶计划
3	强店带弱店	● 远距离情况：经营好的店面可以远程指导经营有待提升的店面。 ● 近距离情况：经营好的店面可以面对面帮扶有待提升的店面
4	神秘督导抽查违规事宜	● 可以由第三方公司负责完成对加盟商的督查工作。 ● 可以由总部新加入的督导人员负责这项工作

续表

序号	应用要点	详细描述
5	跟踪性督导	● 督导每天跟进加盟商的实际经营状况,及时发现问题,及时给予支持。 ● 每天及时查看门店朋友圈发布情况,并有针对性地给予指导。 ● 定期制订巡店计划,并实际下店进行督导
6	督导培训	● 在线课程体系的建设。 ● 区域性集训。 ● 开设营业额突飞特训班
7	区域扶持样板店	● 在某一个业绩不好的区域,选择一家最具成长空间的门店,然后有针对性地帮扶这家门店走向正轨。如此就可以让标杆的力量影响周围的店面,让其看到提升的希望,还可以在帮扶过程中寻找更适合本区域的经营策略,以便用来帮扶其他店面

(四)不同发展阶段的督导侧重点分析

1. 试营业期间

(1) 做得好的加盟商

试营业期间做得好的加盟商的督导侧重点分析如下表所示:

试营业期间做得好的加盟商的督导侧重点分析

序号	分析要点	详细分析
1	形成原因	加盟商自身拥有大量匹配度较高的客户
2		加盟商在当地拥有不错的人脉圈层
3		非常出色地完成了前期"吸粉"工作
4		店面的地理位置非常醒目
5		"探鲜"客户大量涌进
6	调整角度	肯定对方现在已经取得的业绩
7		询问清楚业绩好的原因
8		举例说明业绩运营更好的店面,让其知道"山外有山,人外有人"
9		提醒其需要注意的一些要点
10		让其做好业绩波动性下滑的准备,并告知如何才能尽可能地避免此类现象,提醒其注意心态的调整
11		提醒加盟商做好已添加客户的日常维系工作

（2）做得一般的加盟商

试营业期间做得一般的加盟商的督导侧重点分析如下表所示：

试营业期间做得一般的加盟商的督导侧重点分析

序号	分析要点	详细分析
1	形成原因	加盟商自身拥有一些匹配度较高的客户
2		加盟商在当地的人脉圈层一般
3		用积极的态度去完成前期"吸粉"工作，但是效果一般
4		店面的地理位置一般
5	调整角度	肯定其已经取得的成绩
6		重点分析其的"吸粉"行为，肯定好的方面，纠正不足的方面
7		适当分享新的营销方法
8		提醒加盟商做好客户的日常维系工作

（3）做得不好的加盟商

试营业期间做得不好的加盟商的督导侧重点分析如下表所示：

试营业期间做得不好的加盟商的督导侧重点分析

序号	分析要点	详细分析
1	形成原因	加盟商自身没有一定数量的匹配度较高的客户
2		加盟商在当地的人脉圈层一般
3		"吸粉"效果很差，可能是实施方法不对，也可能是未执行"吸粉"指令
4		店面的地理位置一般
5	调整角度	第一时间检查"吸粉"指令的执行情况
6		适当对这类加盟商进行批评和纠正，提高经营者的执行力，并列举2~3个前期按照总部教的方法开展工作并取得显著成效的加盟商
7		立刻制订整改目标，量化整改目标
8		日督导成效

2. 开业3个月后

（1）业绩好的加盟商

开业3个月后业绩好的加盟商的督导侧重点分析如下表所示：

开业 3 个月后业绩好的加盟商的督导侧重点分析

序号	分析要点	详细分析
1	形成原因	非常出色地进行持续性"吸粉"工作
2		非常出色地进行已添加客户的日常维系工作
3		逐渐拥有一定数量的老客户
4		逐渐形成自己的朋友圈营销风格
5		店面的地理位置拥有很大的可开发空间
6	调整角度	肯定对方已经取得的业绩
7		询问清楚业绩好的原因
8		举例说明业绩运营更好的店面,让其知道"山外有山,人外有人"
9		教授一些新的营销方法
10		给出一个激励措施
11		帮助对方制订一个新的奋斗目标,并持续跟进支持

(2) 业绩波动大的加盟商

开业 3 个月后业绩波动大的加盟商的督导侧重点分析如下表所示:

开业 3 个月后业绩波动大的加盟商的督导侧重点分析

序号	分析要点	详细分析
1	形成原因	已经拥有了一定数量的粉丝客户
2		客户的日常维系工作开展得一般
3		加盟商自身源动力时强时弱
4		新加粉丝的持续性不够
5		加盟商自身生活压力不大
6		加盟商有精力管理店面时业绩上浮,精力不足时业绩下滑
7		加盟商对本项目的新鲜感降低

续表

序号	分析要点	详细分析
8		肯定其已经取得的最好成绩,告诉其有能力做得更好
9		找出业绩好的时候的原因与业绩差的时候的原因
10		重点分析其"吸粉"行为,肯定好的方面纠正不足的方面
11	调整角度	分析加盟商已添加客户的日常维系工作,肯定好的方面,找出不足的地方
12		这个阶段的加盟商不需要新的营销方法,需要的是稳定地去运营
13		调整加盟商精力侧重点

（3）业绩差的加盟商

开业 3 个月后业绩差的加盟商的督导侧重点分析如下表所示。

开业 3 个月后业绩差的加盟商的督导侧重点分析

序号	分析要点	详细分析
1		没有持续的"吸粉"行为
2		没有有效维系已经添加微信的客户
3	形成原因	没有形成一定数量的老客户
4		没有找到自己的运营风格
5		加盟商非亲自经营,店员的积极性严重不足
6		第一时间检查"吸粉"指令执行情况
7		检查微信朋友圈的运营状况以及与粉丝的互动情况
8	调整角度	批评其执行力,并列举 2~3 个前期按照总部教的方法开展工作并取得显著成效的加盟商
9		协助制定针对店员的考核激励机制
10		立刻制订整改目标,量化整改目标
11		日督导成效

五、督导精英 21 种修炼法则

连锁企业的督导部在实际工作中,是陪伴加盟商时间最长的一个部门,也是跟加盟商打交道最多的一个部门,是"盟主"与加盟商信息传递的重要枢纽。

可以说,督导部是连锁企业整个经营链条顺利运转的重要一环。因此，与加盟商进行一线对接的督导员的工作就显得尤为重要，因为其的一言一行都代表着"盟主"对加盟商的态度，而这种态度将直接影响加盟商对"盟主"的整体印象！

为此，笔者从督导下店指导工作的如下几个方面，给在一线工作的督导人员一些参考建议。

1. 对单店的经营不但要了解，还要有绝招

作为连锁企业的一线督导人员，必须对单店的日常经营环节了如指掌，否则在实际下店督导过程中，很容易被在市场一线打拼的加盟商问住，而一旦你无法解答加盟商的问题，督导人员的专业形象甚至"盟主"的形象就会大打折扣，实际沟通中就会产生巨大的沟通障碍。

因此，笔者建议督导人员尤其是新手督导人员，在实际下店督导过程中，至少要有下表所示的几个方面的知识储备：

督导人员必备知识

序号	知识	侧重点
1	专业知识	能够向加盟商介绍和解读有关产品的专业知识
2	发展走向	能够清晰地描绘出加盟总部未来的发展方向和市场布局
3	单店运营流程	能够清晰、完整地阐述单店的整个运营流程
4	单店产品介绍	熟悉每一款产品的介绍亮点，至少可以说出每一款产品的3个亮点
5	单店拓客策略	能够熟练应用3种以上的门店有效拓客策略
6	客户维系策略	能够思路清晰地指导加盟商运用微信等软件进行客户维系
7	促销活动	能够思路清晰地指导加盟商组织3种以上的门店促销活动
8	其他常见问题的处理	尽可能全面地知晓加盟商在实际经营过程中常见的问题以及相应问题的解决方案

一位被加盟商高度认可的督导人员，除了需具备上述基本知识储备之外，还应该尽可能地在广度、深度两个维度上加强自己对总部项目的了解，以备不时之需。

在具备了一定的知识储备之后，督导人员还应该有自己的一个绝招，这个绝招一旦应用，应马上让加盟商感到惊喜，此点内容可以根据

督导人员自身特点"打磨",比如善于现场售卖的督导人员,可以进行现场售卖示范;善于策划活动的督导人员,可以帮加盟商制订一套行之有效的活动计划;擅长应用互联网工具的督导人员,可以指导加盟商应用互联网工具等。

2. 对加盟商的个人情况要了如指掌

督导人员如果不能做到对服务的加盟商了如指掌,那就很难对加盟商的行为做出相对准确的判断,而不准确的判断会直接影响督导效果。

因此,如果想更好地服务加盟商,督导人员至少需要掌握下表所示的几个方面的信息:

加盟商信息

店铺名称:		填表人:			填表时间:	
姓名		性别			年龄	
手机			微信号			
学历	□初中及以下 □高中 □大专 □本科及以上					
专业		开业时间			加盟时间	
合伙人情况 □无 □有	合伙人姓名		加盟商与合伙人之间的关系				
店铺位置						
店铺面积				营业时间		
所属商圈	□城市副中心 □商场 □社区 □高校 □景区					
店铺费用	房租			装修费用		
	物业费用			转让费		
	水电			员工工资		
保本营业额						
时间	营业额	毛利率		成交单数	客单价	
开业后前3个月						
巡店前3个月						
开业至今						
巡店前客户数量	A类		B类		C类	D类
过往工作经验						

续表

过往收入情况			
性格特点			
兴趣爱好			
社会关系			
婚姻状况			
家庭成员	成员		工作
店内人员情况	数量		与加盟商关系

完成上述信息的收集后，督导人员就对这个加盟商有一个基本的判断了。但是，如果想更进一步地了解这个加盟商的情况，最好的方式只有一个，那就是经常和这个加盟商沟通，因为这是彼此间建立信任的基础，有了这个基础，督导人员指导加盟商的工作才能够高效地进行。

3. 耐心倾听加盟商的心声

加盟商虽然背靠"盟主"，但是在实际经营过程中，加盟商实际上是孤军奋战，他们需要一个倾诉对象，很多时候，他们不会选择向身边的人倾诉自己在经营店面过程中的酸甜苦辣，而督导人员则能够很好地充当个角色。作为督导人员，有些时候，你只需要静下心来，慢慢地倾听加盟商的诉说，就能够很好地调节加盟商的心态。这些诉说可能是抱怨，可能是指责，可能是建议，可能是情感描述，可能是惊喜的分享等。

无论加盟商诉说了什么，请先保持一种沉稳冷静的心态，用最耐心的状态去倾听他的全部描述，然后再根据自己的判断去有针对性地回复对方，帮助对方调节好心态。

4. 尽可能详细地了解该加盟商为这家店做了哪些努力

当督导人员面对一家问题加盟店时，即使督导人员很清楚这家加盟店出现的是哪些方面的问题，笔者也建议督导人员控制住立即给对方整改建议的冲动。督导人员需要做的是，耐心地引导对方描述出自己在实际经营店面时做出了哪些方面的行动，在知晓了这些信息之后，督导人员再进行指导。

如果督导人员一上来就给对方灌输所谓的经验之谈，那督导人员可能会得到下表所示的回应：

回应内容列举

序号	回应内容列举
1	你都不了解我，凭什么认为你的建议就一定适合我
2	你给出的方法我之前用过，并没有起到什么效果
3	你这是不尊重我的表现
4	你只是给了一个公式，并不是给我量身定制的建议
5	……

5. 努力找到加盟商经营方面的严重不足

一个人在犯错的时候，总是习惯将自己所犯的错误归因于其他方面。因此，绝大多数加盟商将自己经营方面的不足推脱给总部，这是一种很常见的现象。作为督导人员，完全可以放平心态去应对和处理这些责任问题。

笔者认为，督导人员应耐心地倾听对方，努力寻找他在经营过程中的严重不足，但是需要注意，这些不足一定要有凭有据，然后在对方倾诉完毕，情绪稳定时，将对方的严重不足列举出来，并辅以证据，之后再进行合理的分析。分析时切忌带有讥讽、批评的语气，用平和的语气进行客观分析即可，如此才能够让绝大多数加盟商去客观地面对自己的问题，冷静地思考并解决问题。否则，激烈的辩论很有可能演化成进一步的争吵。

6. 让对方明确表述出自己的需求

很多加盟商在面对困难时，在遇到经营困惑时，总是习惯性地对督导人员说："我需要支持，我需要总部给我巨大的支持。"但是当督导人员问及他需要的具体支持方面时，他不能明确地表达出来。

面对这种情况，督导人员没有必要去追问他具体需要哪些方面的支持，也不要给出类似"你自己都不知道需要什么支持，我们怎么给你支持"的回复，而应该引导对方去思考，他遇到的问题根源究竟是什么，这个问题的解决是否在自己的能力范畴，如果不在自己的能力范畴，总部给予什么类型的支持才能够让自己具备解决这个问题的能力。

如此引导，不仅仅能够让加盟商找到自己具体的需求，还能够让对方养成思考习惯，学会分析问题，同时让督导人员减少工作量。

7. 表明自己与加盟商相同的立场

一般情况下，加盟商会直接将"盟主"的督导人员放在自己的对立面，这种状态非常不利于督导人员对加盟商进行有效支持，也不利于加盟商自己获得应有的支持。

对于此类情况，督导人员需要向加盟商表明自己的立场。通过自己的言谈举止让加盟商放松对你的戒备，让你成为加盟商无所不谈的事业伴侣，如此才能够实现"盟主"赢、加盟商赢、督导赢的共赢局面。

8. 肯定加盟商已取得的成绩

作为督导人员，你可以将加盟商想象成一个正在你辅导下成长的小学生，每一个"小学生"都有一种被"老师"认可、赞许的渴望。

因此，督导人员在实际中与加盟商互动时，如果发现加盟商有做得比较有特色、有成效的地方，一定要用肯定的言语表扬他，因为你的表扬对于加盟商而言就是高度的认可，这会让其保持一个积极的心态。

9. 分享有效策略

督导人员在传授给加盟商具体的实施策略时，一定要记住一个重要的原则，那就是没有实践过的策略、方法尽可能地不要传授给加盟商，因为一旦加盟商问及具体的实施细节，你很有可能无法应对。

而无法应对的结果是，加盟商认为督导人员指导的方法可行性不高，降低对督导人员的信任。

上述的情况谁都不愿意发生，因此，督导人员在从事督导工作时一定要严于律己，如此才能够赢得加盟商的尊重，赢得公司的信任！

10. 不要给迷茫中的加盟商灌输过多知识

督导人员在与加盟商沟通交流过程中，一般都会积累大量的经验，以及一些不错的实战策略。

当面对一个脸上写满了问号的加盟商时，有些"学富五车"的督导人员可能恨不得将自己的经验完整地复制一份给加盟商。此种对待加盟商的态度值得肯定，但是在实际的工作中，你会发现很多加盟商对于新事物的接受能力、理解能力等，并不像督导人员想象的那样强，相反，绝大多数加盟商在这方面远远地低于督导人员的预期。

因此，督导人员的正确做法是，根据不同加盟商的实际情况，量身打造2~3种实施策略，然后有节奏地跟进加盟商的实施情况，给予其针对性的督促和指导。

如此操作，不但能够避免加盟商方法乱用，还能源源不断地给加盟商提供新方法，从而奠定督导人员在加盟商心目中的专业形象。

11. 学会引导加盟商独立思考、独立解决问题

很多加盟商习惯依赖督导人员解决问题，而实际上，加盟商自己有能力解决这些问题。

之所以出现这种情况，主要原因是加盟商缺乏独立思考的习惯。督导人员如果想尽快避免此类事情的高频次发生，一定要学会培养加盟商分析问题、解决问题的能力。

12. 让学习中的加盟商现场做学习笔记

很多加盟商在面对督导人员的训练指导时，习惯只用耳朵去听，也有一些加盟商会用手机录音，但是很少有加盟商主动拿出纸、笔做笔记。

无论是用耳朵听还是用手机录音，都不能够让加盟商深刻地记住督导人员的训练指导，只有让加盟商亲自做笔记，才有可能会让对方的记忆相对深刻，否则，督导人员的指导效果就会大打折扣，甚至徒劳无功。

13. 让加盟商制订整改计划

面对有疑问的加盟商，督导人员在帮助发现问题根源之后，一定要帮助加盟商寻找解决问题的方法，更重要的是，要协助加盟商制订出一套行之有效的整改计划，这套整改计划要有明确的事件内容、完成目标、时间节点、惩罚措施等。

否则，督导人员帮助加盟商制订的这套解决方案，很有可能会随着督导人员的离开或者工作重心的偏移而"流产"。

14. 给对方制订明确的业绩提升目标

督导人员应该引导加盟商明确近期奋斗目标，这个奋斗目标一定要在现有的店面业绩基础上制订，要让对方在付出足够努力的情况下能够实现，否则会严重打击加盟商的自信心。

除此之外，还有一个重要的细节，那就是这个奋斗目标一定要让加

盟商自己制订，督导人员所需要做的事情就是引导，只有加盟商自主制订出来目标，督导人员的下一步工作才能更好地推进。

15. 不要和对方一争高下

对于一些突发情况、客观问题等，督导人员所需做的不是去跟加盟商辩论，争出高下，而是要耐心地倾听，适当地赞许，灵活地引导，设身处地地去回应等，总而言之，要让对方将自己的观点表述完毕。

督导人员在充分了解问题的来龙去脉之后，如果加盟商表述的问题在你的能力范围内，可以尽力去解决，如果这个问题不在你的能力范围之内，或者不在你的职权范围内，可以先将这件事情应承下来，然后给对方一个明确的回复时间，最后转移至其他的话题中进行交流沟通。

16. 适当关怀加盟商

生活中的种种，需要加盟商独自承担，但有些时候，加盟商困于其中只是因为当局者迷，这时候一位局外朋友的些微帮助，就足以让加盟商想清楚，从而得到解脱，而这个角色的最佳扮演者之一就是督导人员。

作为加盟商事业的保驾护航者，督导人员应当承担起这份光荣的责任。督导人员要适度了解和关怀加盟商，比如关注加盟商的爱好、情感、过往经历等。

总而言之，督导人员完全可以同加盟商做朋友，从而相对轻松地实现友情、事业双丰收。

17. 多分享一些从低谷走到高峰的案例

开业没有取得开门红、业绩下滑至低谷后没有上升的加盟商，会严重缺乏自信，他们需要被重新唤起自信。

督导人员可以采用一些独特的营销策略，让加盟商获得一个小小的成功，使他重拾自信。除此之外，督导人员还需要给加盟商言语上的鼓励。

对于加盟商而言，最好的"心灵鸡汤"来自两个方面，一个方面是其他加盟商在经过督导人员支持后业绩前后大对比的案例，另一方面是开业没有取得开门红、业绩下滑至低谷后没有上升的单店一步一步攀升起来的真实案例。当加盟商听到自己身边的真实案例时，他的自信才最有可能被重新唤起！

面对此种类型的加盟商时，督导人员可以将上述思考角度结合在一起，综合使用多种方法，协助加盟商解决问题。

18. 不要掉入加盟商设定的问题陷阱

无论加盟商是否有意为之，作为督导人员，一定要避开加盟商的问题陷阱。陷阱类问题如下表所示：

陷阱类问题列举

序号	陷阱类问题列举
1	这个店让你来经营的话你打算怎么干？
2	你觉得这种类型的客户该怎么沟通？
3	你能保证这个方法有效吗？
4	你有办法让我的业绩到达××以上吗？
5	……

上述问题，都是比较典型的陷阱问题，因为这些问题一旦回答不好，就会直接影响督导人员在加盟商心目中的形象。如果督导人员在实际的沟通过程中遇到了此类问题，最好的解决方式就是反问，或者避开锋芒。

比如上述第一个问题，可以回复"这个店如果在筹建之时就严格按照总部的指导方式运营，可能不会出现类似的情况。现在出现了这种情况，我觉得我可以协助你认真分析这种情况出现的根源，然后再协助你有针对性地去改变现状"。

总而言之，督导人员要尽可能地避免被加盟商带入问题陷阱，一旦无意中掉入陷阱，一定要尽快转移话题！

19. 适当的拒绝和批评也许能赢得意外的收获

督导人员在与加盟商进行沟通的过程中，不一定每一件事情都要按照加盟商的意思去办，更不能让加盟商"牵着鼻子走"。

在适当的时候，督导人员要拒绝加盟商的要求，批评提出无理要求的加盟商。只有适当地拒绝或者批评，才能够让加盟商心有所惧，才能让加盟商冷静思考，哪些方面的要求可以提出，哪些方面的要求不能够随意提出。

当然，督导人员在批评加盟商时，最好选择一个合适的时间点，比如在加盟商一天的工作快要结束的时候、在见面寒暄一段时间之后。

切忌一见面、早上刚工作就批评，这样不但会影响督导人员自己的工作心情，也会让加盟商产生消极情绪，而这种情绪很有可能会被加盟商带到他一天的工作之中，从而让他无法保持愉悦的心情去服务来店的顾客。

20. 留下指导凭证

因为加盟连锁模式的特殊性，督导人员在给加盟商进行指导时一定要留有凭证，此凭证可能会在加盟解约时用到。它的另一个重要作用是督导人员可以有据可依地鞭策加盟商完成既定的任务。

21. 针对不同类型的加盟商应采用不同的应对策略

督导人员在有针对性地指导加盟商时，要综合考虑加盟商的个性化特点，这些个性化特点会因为加盟店处于不同的发展阶段、加盟店遇到的问题不同、加盟商自身的综合素养不同等相去甚远。

笔者根据实际巡店过程对加盟商的个性化特点进行了分类，督导人员可以从下表所示的内容中提取参考信息：

根据个性化特点分类的加盟商类型

序号	类型	参考方案
1	不自信型	单店尚未开业或开业不久的加盟商，经常会出现严重不自信的问题，此种类型的加盟商可能没有开店经验，也可能是之前加盟创业失败过。督导人员面对此种类型的加盟商时，一定要先了解清楚究竟是什么原因造成了此种现象，然后再通过成功案例的讲解来缓解对方紧张的情绪，最后再传授给对方一些速成小技巧，以使对方快速建立自信
2	过分自信型	此种类型的加盟商要么是"无知者无畏"要么是赞同"成功者主义"。如果是"无知者无畏"，一定要先给对方打好预防针，然后等到对方出现了问题后，给对方分析问题成因，最后给予针对性的支持；如果是赞同"成功者主义"，可以先让对方描述经营此类型店面的具体思路，然后再结合对方的经营思路给出一些框架性建议。因为情况不明，此时督导人员切忌给出一些具体性建议，应等到对方出现经营问题后再帮助对方分析问题产生的原因，最后再给予针对性支持

续表

序号	类型	参考方案
3	取得了开门红型	此种类型的加盟商在取得了开门红之后，很容易盲目自大。作为督导人员，一定要在适当的时候给对方"泼泼冷水"，以让对方时刻保持清醒的头脑来继续经营店面
4	听话照做型	对于此种类型的加盟商要多给予关怀，在进行方案给予时，需要一次性给予一个指导方案，且需要对方案进行过程管理和指导，否则执行效果就会大打折扣
5	听话不做型	对于此种类型的加盟商除了要多给予关怀之外，还需要适时给予一些严厉的批评，在给予方案时，需要一次性给予一个指导方案，且需要对方案进行过程管理和指导，否则执行效果就会大打折扣
6	抱怨满腹型	耐心倾听加盟商的抱怨，从抱怨中找出问题根源，等对方情绪平稳后再"对症下药"
7	傲慢无理型	在沟通交流过程中迅速找到对方的经营软肋，然后直击要害，严厉批评教育一番，直至对方态度缓和。如果对方一直处于此种状态，且具有明显的违约现象，可以上升至停止供货层面、扣除相应品牌保证金层面，直至对方愿意用解决问题的态度来沟通
8	避而不见型	一定要实际到店去察看店内的实际经营状态，以及检查该店面在实际经营过程中是否存在违约现象。与此同时，约见对方，将对方存在明显避而不见态度的凭证留存备案，以备不时之需
9	各种不信任型	此种类型的加盟商可能在加盟之前受到过伤害，也可能是在加盟之后没有得到"盟主"的有效支持。面对此种状态的加盟商，督导人员一定要耐心地引导其从正能量的角度思考事情，给讲解他身边的成功案例。与此同时，要选择一个能够让加盟商快速实现小成功的方案进行指导，以此来重新建立加盟商对"盟主"的信任
10	成功自负型	此种类型的加盟商一般不缺少店面实际经营的有效策略，他缺少的是更宽的眼界，因为他的小成功严重遮住了他更广的视野。作为督导人员，可以给对方讲述比他更优秀的加盟商现在的工作状态，以及他们的个人事业规划，最后再帮助他进行个人的事业规划

续表

序号	类型	参考方案
11	失败灰心型	面对此类型的加盟商，一定要先肯定他已经取得的成绩，然后安慰他现在的失败并不能够算作完全的失败，只是多走了些弯路而已，然后给他多分享几个与他这种情况相似的成功转型案例，最后在对方重燃信心后，帮助对方分析失败的原因并提供相应的解决方案
12	合伙散伙型	原则上讲，总部并不支持加盟商采用合伙的方式经营店面。但是，在遇到此种情况后，督导人员需要分别了解这些合伙人的真实情况，然后再对这个店面重新定位，比如鼓励其中有能力者回购对方的股份，独立经营这个店面；鼓励其他合伙人再开设一家店面，每个人经营一家，彼此不牵扯；如果各合伙人都不能独立经营，或者不愿意继续经营，可以直接进入解约环节
13	小富即安型	此种类型的加盟商一般处于赚钱状态，但他之前的收入状况限制了他的想法，让他无法去做更多的事情。面对此种情况，督导人员需要不断给他讲述与他工作经历相似的加盟商现在已经取得了了不起成就的案例，来不断刺激此种类型的加盟商燃起更大的奋斗热情
14	自娱自乐型	此种类型的加盟商，一般在经济条件上相对比较宽裕，不会太在意店面的盈亏，因为他开店的目的，很有可能就是打发自己闲暇的时间。对于此种类型的加盟商，需要引导对方，让其多了解努力奋斗型加盟商的生活状态，以此来感化他们
15	自力更生型	此种类型的加盟商一般都有开店或者从商的经验，有一些老旧、固化的思维，而这些思维模型在对方没有检验出是否正确之前，他们一般不会选择采用他人的方式。因此，督导人员在遇到此种类型的加盟商时，一定要仔细地去观察他所采用的经营方式究竟如何开展，待到对方在经营方面遇到瓶颈时，再结合对方之前采用的方式进行综合分析，最后有针对性地给对方提供指导意见
16	自立门户型	碰到此种类型的加盟商，最好的处理方式是"先礼后兵"，如果对方在听取督导人员提出的改正建议之后，仍坚持自立门户，则督导人员可以直接将此类型的加盟商移交给负责解约的部门，进行最后的善后工作

续表

序号	类型	参考方案
17	创意十足型	对于此种类型的加盟商，督导人员需要注意两个方面，一个方面是单店的经营是否偏离了"盟主"制定的发展方向，另一方面是鼓励此种类型的加盟商多多创造
18	发展渠道型	此种类型的加盟商可能私自发展"下线"、开拓产品销售的渠道。如果出现第一种情况，可以直接按照严重违约的情节进行解约处理。如果是第二种情况，督导人员可以视情况处理，比如他发展的渠道仅在他个人经营的商圈半径之内，这种情况无须过问；如果他发展的渠道超出了自己经营的商圈半径但是未影响其他加盟商的经营，此种情况可以提示对方注意，并留下相关的凭证；如果加盟商发展的渠道超出了他的商圈经营半径且影响到其他加盟商经营，则需要限令对方调整
19	以假乱真型	此种类型的加盟商会出现两种情况，一种是用"盟主"的品牌随意给其他品类的产品贴标；另一种情况是采用"盟主"的品牌，然后用劣质的产品冒充正品。无论上述哪种情况出现，督导人员在发现后，都要责令对方限期改，如果该加盟商坚决不改正，可以直接启动严重违约情况下的解约方案
20	暗度陈仓型	此种类型的加盟商，表面上经营的是"盟主"的品牌，实际上却经营着其他同类品牌。对于这种类型的加盟商，督导人员需要多角度收集相应的违约凭证，然后启动严重违约情况下的解约方案

连锁企业的督导岗位是一个复合型岗位，对个人的综合素养要求很高。对于从事督导工作的人员而言，你不但要对"盟主"的信任负责，还需要对加盟商负责，更需要对自己的工作状态负责，因为你对连锁品牌的长期运转至关重要！

因此，努力将自己修炼成一名出色的督导专家，应当是每个督导从业人员的必修课！

第三节 企业 IP：让吉祥物成为企业的交际花

以市场为导向、以消费者为中心才能够让连锁企业更具生命力，现在的消费者、加盟商都具有年轻化、互联网基因、个性化等属性特点。

面对新一代的消费者，面对新一代的加盟创业者，作为连锁企业的掌舵者，当然需要重新思考在这个时代的市场究竟该如何突围。既然要突围，一定要找清楚突围的方向，如此才能够事半功倍。

对于新时代的连锁企业而言，突围点不是去采用新的平台招募新的加盟商，而是以终端消费者为核心去突围，因为你的消费者是你最优质的加盟商来源，是你真正能够在市场中平稳发展的根基。

这一代的消费者不仅需要具备功能属性的优质产品，还需要了解产品背后的品牌文化。面对这样的需求，连锁品牌方需要的不是通过传统的方式进行信息的传递，比如在企业网站发布长篇大论，在产品使用说明中进行信息介绍，规规矩矩地录制视频等内容，这些呈现形式都与这个时代的消费者有代沟，他们想了解信息的方式，不是你所给予信息的方式，如此一来，看似努力，最终却成为无用功。

新时代的消费者在了解信息方面具备下表所示的几个方面的特点：

新时代消费者了解信息的特点

序号	特点描述
1	喜欢碎片化地了解信息
2	喜欢生动有趣的内容
3	喜欢持续性地了解信息
4	喜欢与众不同的内容
5	喜欢短小精悍的内容
6	……

面对上述情况，连锁企业应该及时改变信息传递方式。对此，笔者建议连锁企业从塑造人格化的企业吉祥物开始。企业吉祥物是企业为了强化自身的经营理念，在市场竞争中建立良好的识别形象，突出产品的个性特征，以拟人化的象征手法且夸张的表现形式来吸引消费者注意，塑造的具有亲和力、具备特殊精神内涵的一种具象化的造型符号。

许多连锁企业都会设计企业吉祥物，但是这些被设计出来的企业吉祥物，往往沦落成一种摆设，最多做成一款毛绒玩具，之后就再无过多应用。

为了能够很好地应用这些企业吉祥物，企业应以正确的态度看待企业吉祥物，将企业吉祥物打造成主要识别系统。

在打造属于企业自己的吉祥物时，可以从如下几个角度思考：

一、吉祥物设计的基本原则

企业吉祥物是企业的代言人，可以具备企业很多方面的属性。如果吉祥物设计不符合企业属性特点，不符合消费者的感官认知，那么这款吉祥物的设计就是失败的。

为了规避吉祥物设计时的普遍问题，可以参照下表所示的几个原则：

吉祥物设计原则

序号	设计原则
1	充分体现企业独有属性特点
2	形象符合大众的审美
3	形象具备较高的辨识度
4	易于进行周边衍生品的应用
5	形象新颖，具有独创性，切忌模仿
6	人格化处理吉祥物

二、设计一款可识别的吉祥物

许多连锁企业在进行企业吉祥物设计时，并没有从消费者的角度去思考，而是站在企业的主观角度去思考，从而使设计出来的企业吉祥物并不能够走进消费者内心。在进行吉祥物形象设计时，首先需要考虑的就是让消费者能够通过吉祥物快速识别企业的产品属性特点。

对于可识别的吉祥物，企业可以从下表所示的几个角度进行设计：

设计可识别吉祥物的角度

序号	设计角度
1	产品形象转化角度
2	服务形象转化角度
3	创始人形象转化角度
4	企业文化转化角度
5	行业属性转化角度
6	独特的地域特征转化角度
7	品牌故事转化角度
8	其他转化角度

三、吉祥物要有独特的性格属性特点

在吉祥物运营中，所有有关吉祥物的文字描述、表现风格等，都要以吉祥物独有的特点为依据进行呈现，如此才能够让消费者记住这款吉祥物，记住这种与众不同的产品介绍风格等。

所以，吉祥物独有的属性特点，需要结合企业文化、产品属性、行业特点等要素进行综合设计，需要设计的内容如下表所示：

吉祥物属性特点设计

序号	设计内容	备注说明
1	姓名	吉祥物一定要有一个自己专属的名字，而且这个名字一定要通俗易懂，要能够与品牌产生关联
2	性别	设计吉祥物时以男性、女性、中性三种情况进行设计，特殊行业需要明显界定时，可以有针对性地进行性别界定
3	籍贯	一般情况下，吉祥物的籍贯可以从企业总部所在地、产品的源头等角度进行设计
4	出生日期	出生日期可以与企业的成立时间相关联
5	年龄	随着年龄的增长，企业吉祥物的形象也可以更新迭代
6	性格	这一点尤为重要，因为性格特点决定了企业未来采用吉祥物进行内容呈现时的语言表达风格，也决定了吉祥物日后的形象呈现

续表

序号	设计内容	备注说明
7	身高	可以结合企业的产品特点进行设计
8	体重	
9	星座	对应吉祥物的出生日期进行设计，在日后的应用中可以多一些表现形式
10	生肖	
11	家庭情况	如果企业打算以吉祥物作为一条内容创作主线，那么可以围绕吉祥物创作一个家庭套系，比如男版形象的吉祥物、女版形象的吉祥物等
12	工作情况	吉祥物的工作情况可以参照企业创始人的工作状态或者多岗任职的工作状态进行描述，应凸显企业的正能量文化
13	经济情况	可以对经济状况进行描述来凸显吉祥物现阶段的奋斗状态，以及凸显发展中企业的奋斗状态
14	饮食习惯	饮食习惯可以有明显的偏好，尤其是餐饮类企业。如此一来，企业就可以从吉祥物的角度出发，进行餐饮类产品的详细描述了
15	个人喜好	可以从衣、食、住、行等方面详细地阐述吉祥物的个人喜好，从这些个人喜好之中凸显企业主要经营产品的特点
16	特长	吉祥物要有自己明显的特长，而且这个特长还要与企业相关联
17	座右铭	吉祥物的座右铭就是企业文化理念，通过吉祥物的具象呈现，来进一步进行企业文化理念的通俗化传播
18	毕业学校	很多企业有企业大学、企业商学院，吉祥物的毕业学校自然是这些地方
19	婚恋状况	单身有单身的故事，恋爱有恋爱的故事，结婚有结婚的故事，总而言之，吉祥物要有一个清晰的婚恋状况定位，以便围绕其进行内容创作
20	民族	企业要给吉祥物一个明确的民族属性
21	其他方面	对于一些有特殊需要的企业，可以有针对性地给吉祥物设计一些属性特点

完成上述内容的设计之后，企业的专属部门在对吉祥物进行内容创作时才会更加精准，才能够让内容更加丰富、生动。

四、清晰明了地应用吉祥物

在完成吉祥物的形象设计和属性设计之后，可以从下表所示的几个角度出发考虑吉祥物的应用：

各类吉祥物的应用

序号	应用方向	备注说明
1	文化故事类	可以将吉祥物应用于文化故事，让吉祥物成为故事的主角，通过各种类型的故事，对企业的产品、服务等内容进行阐述，如此一来，可以让生硬的信息变得更加生动、形象
2	表情包类	可以在聊天时使用吉祥物表情包，加深消费者对企业形象的印象，凸显企业的专业性
3	公仔类	设计制作出来的公仔，可以以毛绒玩具或者树脂玩具两种形态呈现，对于形象比较简单的吉祥物，可以采用毛绒材料进行制作；对于形象比较复杂的吉祥物，可以采用树脂材料进行制作。制作完成的公仔可以作为礼品、赠品、商品进行应用
4	衍生用品类	可以将吉祥物应用于各种类型的产品，如包装材料、生活用品（雨伞、笔记本、笔、手提袋、收纳盒等）等，以便让不同形态的吉祥物形象深入人心
5	宣传用品类	在企业的网站、招商手册、店面海报、门店雕塑等各种类型的宣传之中，均可以应用企业吉祥物
6	其他应用类	企业可以依据自身特点，开创性地将吉祥物应用于更广泛的领域，比如吉祥物造型的包装盒、产品等

五、多维度呈现吉祥物形态

一提到吉祥物，很多人脑海中首先出现的是毛绒玩具，但是在实际应用过程中，吉祥物可以有很多种呈现形态，如下表所示：

吉祥物呈现形态

序号		呈现形态
1	电子类	平面图片类
2		图片动画类
3		连载动漫类
4		视频动画类
5		其他应用类

续表

序号	呈现形态		
6	实物类	平面类	采用雕刻、印刷、粘贴等工艺将吉祥物的形象应用于不同材料的平面物品之上
7		立体类	毛绒类
8			树脂类
9			泥塑类
10			合金类
11			其他类